Rosenheim

Erika Thimel
Christine Basler

Stadtgespräche aus
Rosenheim

Erika Thimel
Christine Basler 📷

Besuchen Sie uns im Internet:
www.gmeiner-verlag.de

© 2013 – Gmeiner-Verlag GmbH
Im Ehnried 5, 88605 Meßkirch
Telefon 07575 / 2095-0
info@gmeiner-verlag.de
Alle Rechte vorbehalten
1. Auflage 2013

Lektorat / Redaktion: Ricarda Dück
Satz: Julia Franze
Umschlaggestaltung: U.O.R.G., Lutz Eberle, Stuttgart
Bildbearbeitung: Alexander Somogyi
Kartendesign: Alexander Somogyi
Druck: AZ Druck und Datentechnik GmbH, Kempten
Printed in Germany
ISBN 978-3-8392-1477-0

1	Das sind die Stärksten! ///	
	Seppi Rottmoser schaut am Happinger See nach vorne	11
2	Wo waren Sie am Sonntagabend? ///	
	Sigrid Büscher wird im Kriminalkommissariat verhört	17
3	Der Hofer ist die Rolle seines Lebens ///	
	Joseph Hannesschläger im Biergarten des	
	›Happinger Hofs‹	23
4	Ich liebe diese Stadt! ///	
	Oberbürgermeisterin Gabriele Bauer im Rathaus	27
5	Flötzinger, das ist Rosenheim! ///	
	Andreas Steegmüller-Pyhrr in der Privatbrauerei	31
6	Mit Magie ist alles möglich ///	
	Siegfried Fischbacher am Fenster der St.-Nikolaus-Kirche ...	37
7	Ein Schlussakkord macht den Anfang ///	
	Petra Rose vom legendären Livemusik-Lokal ›Le Pirate‹	41
8	Ein Problem, groß wie ein Dinosaurier ///	
	Dr. Peter Miesbeck vom Ausstellungszentrum	
	›Lokschuppen‹	47
9	Hier wurde meine Sehnsucht erweckt ///	
	Günther Maria Halmer träumte im alten ›Capitol-Kino‹	53
10	Die Leute hielten sie für verrückt ///	
	Sabine und Jürgen Baur genießen im Café ›Aran‹	55
11	Monaco, das bin ich einfach nicht ///	
	Martin Tomczyk hält an der Kalscheuer Wirtschaftsschule ...	61
12	Die Wahrheit über den ›Wiesn-Igel‹ ///	
	Hendrik Heuser im Einsatz auf der Loretowiese	65
13	Es war ein wilder Traum ///	
	Emmeran Heringer gibt vor	
	der Stadtbibliothek den RigoL	71

14	Eine für alle ///	
	Inge Thaler begeistert an der Astrid-Lindgren-Schule	75
15	Der Fluchtpunkt aller Hoffnungen ///	
	Otfried Preußler kam am Rosenheimer Bahnhof an	81
16	Das ist kein Ort für Feiglinge ///	
	Maria Hollerieth steigt am Innufer in ihr Kajak	87
17	Pazifismus und Lebensfreude ///	
	Rolf Märkl in seinem Atelier in der Eichendorffstraße	91
18	Der Moment des Glücks ///	
	Herbert Schuch musiziert in der Stadthalle	97
19	Wir sind alle religiöse Wesen ///	
	Pfarrer Daniel Reichel in der Kirche Heilig Blut	103
20	Eine nackte Tatsache mit Hut ///	
	Bernd Bechtold schnitzt in der Äußeren Münchener Straße	109
21	Allhier ist gesund und lustig wohnen ///	
	Der Unternehmergeist spukt durchs Städtische Museum	111
22	Aus eigener Kraft emporgestiegen ///	
	Thomas Gillitzer beeindruckt mit seinem Häuserblock	117
23	Die Ersten und die Besten ///	
	Dieter Vögele erzählt in der Von-der-Tann-Straße	121
24	Darüber sind wir dann schon empört ///	
	Katrin Stadler findet im Wasserkraftwerk Inspiration	127
25	Eine Stadt kämpft gemeinsam ///	
	Stephan Gottwald spielt im Kathrein-Stadion	131
26	Die Hexen haben überlebt ///	
	Rosi Féry zaubert im Riedergarten	137
27	Die Hand trainiert das Hirn ///	
	Johann Bachinger flicht in der Brünnsteinstraße	143

28	Do konnst scho narrisch werdn /// *Peter Kirmair steht im Künstlerhof auf der Bühne*	147
29	Diesem Bauwerk wohnt eine Seele inne /// *Die Quest-Architekten beleben die Kunstmühle*	153
30	Es liegt an den Vätern /// *Stephan Müller tanzt im Ballhaus*	157
31	Die Breze ist die Königsdisziplin /// *Matthias Wolter in seiner Bäckerei am Ludwigsplatz*	161
32	Das Mädchen mit den Millionen /// *Gertraud Stumbeck residierte am Max-Josefs-Platz*	163
33	Gegen alles ist ein Kraut gewachsen /// *Johannes Herterich lädt in die ›Alte Apotheke‹ ein*	167
34	Robin Wood, die Helden in Zunfthosen /// *Veronika Wegerer an der Hochschule Rosenheim*	173
35	Hauptsache, der Josef ist glücklich /// *Jan und Josef Prasil singen auf dem Ludwigsplatz*	177
	Bildverzeichnis	184
	Quellenverzeichnis	185

»Mia san scho guad! Vielleicht entspringt unsere Lebensart auch einem gesunden Verhältnis zum Tod … Arbeiten, als wäre es der erste Tag, und leben, als wäre es der letzte.«

Peter Kirmair, Rosenheimer Schauspieler und Kabarettist

Das sind die Stärksten!
Seppi Rottmoser schaut am Happinger See nach vorne

Seine Freunde versuchten Schritt zu halten, liefen in seiner Spur, aber er war einfach nicht einzuholen. Dabei hatten sie ihm schon den schwersten Rucksack gegeben, doch der Kerl lief den Berg hinauf, als gäbe es keine Steigung. Normal war das nicht, nein, es war Seppi Rottmoser. Mit diesem Tempo hätte er Wettkämpfe gewinnen können und genau das legten sie ihrem Spezi nahe. Sie waren überzeugend. Nur wenige Monate später wurde Rottmoser mit 17 Jahren in die deutsche Nationalmannschaft der Skibergsteiger aufgenommen. 2013 holte er als 23-Jähriger schließlich den Weltmeistertitel nach Rosenheim.

Nun steht Rottmoser am Happinger See im Süden seiner Heimatstadt. Vor ihm liegt das klare Wasser und die herrliche Bergkulisse, hinter ihm sind die Biertische des Kiosks aufgestellt. Das ist Bayern wie aus dem Bilderbuch. Kein Wunder, dass die Rosenheimer hier so gerne herkommen. Auch Seppi Rottmoser erfrischt sich nach Bergtouren im Happinger See, trotzdem ist es nicht der Badeplatz, sondern das Panorama, das ihn an diesen Ort zieht.

»Auf der Fahrt hierher sehe ich den Großvenediger, mit dem ich viel verbinde. Drei Anläufe hab ich gebraucht, bis ich die 3.666 Meter zum Gipfelkreuz geschafft habe. Beim ersten Mal wollten meine Spezl nicht mehr und dann war das Wetter zu schlecht. Erst beim dritten Versuch hat es geklappt. Damals war ich mit einem sehr guten Freund aus dem Allgäu unterwegs, Michael Pfanzelt. Es war ein super Tag, als wir da raufgestiegen sind. Daran muss ich immer denken, wenn ich zum Gipfel schau ...« Nach kurzer Zeit fügt er hinzu: »Der Michael ist 2009 recht tragisch in einer Lawine verunglückt. Er war damals 20, nur zwei Jahre älter als ich. Das war ein herber Schlag, weil wir viel miteinander gemacht haben. Wenn ich den Großvenediger sehe, blicke ich auf die schönen Momente zurück und hoffe, dass es ihm gut geht.«

Seit dem Unglück ist Rottmoser etwas defensiver in den Bergen unterwegs, es sei denn, er steht im Wettkampf – dann fährt er angriffs-

Trockenübung am Happinger See: der Weltmeister Seppi Rottmoser

lustig vorneweg. In der noch jungen Sportart des Skibergsteigens ist der Sprint seine Königsdisziplin. Deshalb hatte er sich besonders auf den Sprintweltcup in Norwegen 2012 gefreut. Am sonnigen Steg des Happinger Sees erinnert er sich daran, wie er um den ersten Platz gekämpft hatte. Die Innenstadt von Tromsø war als Skipiste präpariert. Dieser City-Kurs zählt zu den spektakulärsten Rennstrecken im Skibergsteigen. Ein anspruchsvolles Auf und Ab mit steilen Teilstücken und einer engen Abfahrt wartet auf die Skibergsteiger. Rottmoser hatte sich 2012 in die Poleposition gebracht, bei der Qualifikation locker die Bestzeit erzielt. Auch in den beiden folgenden Durchgängen ließ er seinen Konkurrenten keine Chance. Souverän landete er im Finale der besten Sechs, um dort den anderen fünf entschieden davonzulaufen. Es sah gut für ihn aus, der Sieg schien sicher – bis er in eine der Wechselzonen kam. Diese Abschnitte zwischen Aufstieg und Abfahrt, bei denen die Sportler ihre Schuhe in der Bindung verriegeln müssen und ihre Felle von den Ski ziehen, um sie im Rennanzug zu verstauen, sind immer kritisch. Erst wenn der Reißverschluss vorschriftsmäßig bis zum Hals geschlossen ist, dürfen die Wettkämpfer die Zone verlassen. Rottmoser hatte den Vorgang im elterlichen Gar-

Seppi Rottmoser schaut am Happinger See nach vorne

ten immer wieder geübt. Jeder Handgriff saß, es war eine Sache von sechs Sekunden. Aber dann, verdammt noch mal – in Tromsø klemmte der Reißverschluss! Ein kleines Stück Fell hatte sich verhakt, und während Rottmoser noch am Reißverschluss zog, zog ein anderer an ihm vorbei: der Schweizer Marcel Marti. Der Rosenheimer wurde Zweiter und trainierte umso entschlossener weiter.

Mittlerweile macht Rottmoser rund 200.000 Höhenmeter pro Saison. Er zeigt zur Kulisse hinter dem Happinger See. »Der Gipfel rechts neben dem langen Rücken ist der Große Traithen. Da lauf ich regelmäßig rauf.« Als Spross einer Rosenheimer Bergsteigerfamilie erklomm er schon als Kind mit seinen Eltern und den beiden Schwestern große Anhöhen, und mit vier Jahren stand er das erste Mal auf den Brettern, die für viele in seiner Heimatstadt die Welt bedeuten. »Eigentlich fährt jeder Rosenheimer Ski. Die Berge sind unser Sportplatz.«

Bei der Abfahrt gehört er mittlerweile zu den Besten und bei der Langdistanz zum vorderen Mittelfeld. Bei Letzterer ist man oft bis zu zwei Stunden aufwärts unterwegs. »Da gehen einem schon einmal Gedanken durch den Kopf wie ›Jetzt gelüstet es mich nach einem Apfelstrudel‹ – bis man realisiert, dass man kurz vor der Wechselzone steht«, erzählt Rottmoser lachend. Mit knapp 80 Kilo gehört er zu den Schwersten im Weltcupfeld, die ersten Zehn auf der Langdistanz bringen nur rund 60 Kilo auf die Waage. Doch Hungern für den Erfolg ist für Rottmoser keine Option. Er fühlt sich wohl, mag die bayrische Küche und das Bier auf dem Herbstfest – und im Sprint zahlt sich seine Kraft dann doppelt aus.

So hat er auch seinen Konkurrenten Marcel Marti bei der Weltmeisterschaft 2013 im französischen Pelvoux letztendlich überholt und sich den Titel gesichert. Europameister war er da bereits. Dann stand er wieder in Tromsø, wo es zu guter Letzt um den Gesamtweltcup der Saison ging. Er war im Finale. Das bedeutete: sechs Spitzensportler und zwei Spuren. Ein Durchgang dauert rund drei Minuten – beste Voraussetzungen für Tempo und Adrenalin. Erwar-

Auf dem Weg nach oben zählt vor allem eins: »Der Kopf muss stimmen«

tungsvoll standen die Zuschauer auf den Gehsteigen und fieberten der Entscheidung entgegen. Am Start, neben den Besten der Welt, versetzte sich der Rosenheimer in höchste Konzentration. Genau in diesem Moment fiel ihm das Malheur mit dem Reißverschluss wieder ein. Nur nicht daran denken. »Der Kopf muss stimmen. Ich weiß, das sind die Stärksten, aber ich bin auch stark«, machte er sich Mut – und los ging es. Er kämpfte sich nach vorne, ohne Probleme in den Wechselzonen. Diesmal flutschte alles, auch der Reißverschluss. Rottmoser war nicht aufzuhalten. Er wurde die Nummer eins.

In Gedanken bei seinem Triumph sitzt der Weltmeister am heimischen Happinger See, während ein kräftiger Wind übers Wasser bläst. Bietet sich für Rottmoser Windsurfen als Ausgleichssport in der schönen Jahreszeit an? »Ich geh lieber bis Juni zum Skifahren«, sagt der Rosenheimer lachend. Schnee sei sein Element, auch im veränderten Aggregatzustand: Mit 16 Jahren ist er an der Hochfernerspitze im südtirolischen Pfitschertal seine erste Eiswand hochgeklettert. Eine Tour, die er nicht vergessen wird. »Auf halbem Weg hat es auf einmal gekracht und 40 Meter links von uns gingen Eisbrocken ab, so groß wie Autos. Genau an dieser Stelle hätten wir sein können. Man hat eben viele Sachen nicht in der Hand, die werden woanders entschieden. Selbst wenn man bestens vorbereitet ist, ein Restrisiko bleibt«, erklärt Rottmoser und schaut prüfend in die Wolken. Wie auch immer das Wetter werden wird, er wird trainieren. »Im vergangenen Jahr war ich bis Juli auf Ski unterwegs. Im Sommer kombiniere ich die Touren mit dem Fahrrad.« Der Winter ist ihm als Jahreszeit trotzdem am liebsten. Liegt da der Gedanke

Seppi Rottmoser schaut am Happinger See nach vorne

nahe, in eine norwegische Stadt wie Tromsø mit langen, schneesicheren Wintermonaten auszuwandern?

»Ich bin gerne unterwegs, aber ich komm auch immer wieder gerne nach Rosenheim zurück. Mir taugt es einfach gut, hier bei uns. Da passt für mich alles: die Stadt, die Lage und die Leute. Für mich ist es das perfekte Basislager. Da bleib ich!« In der Heimat will er sich auch schon bald den nächsten Titel sichern. Der gelernte Landschaftsgärtner plant, auf die Meisterschule für Gartenbau und später vielleicht in die Selbstständigkeit zu gehen. »Der Beruf ist einfach schön, weil man etwas gestalten kann und so oft draußen ist.«

Ein reiner Bürojob wäre für ihn genauso undenkbar wie Strandurlaub, dann schon lieber Dopingkontrollen um 6 Uhr morgens. »Ich hab heuer fünf während der Wettkämpfe gehabt«, erzählt er. »Bei der WM stand der Unger Cornelius aus unserem Kader in aller Früh bei mir vor der Zimmertür und meinte: ›Seppi, du musst jetzt biesln‹. Darauf ich: ›Was magst, I schlaf jetzt‹, aber da hab ich die Taschenlampen schon im Flur leuchten sehen – Dopingkontrolle!« Doch Rottmoser lässt diese Prozeduren gerne über sich ergehen, denn er ist für einen sauberen Sport. Seine Kollegen schätzt er ähnlich ein, auch weil es im Skibergsteigen noch nicht um das große Geld geht, sondern ums Gewinnen – für sich und für sein Land.

Bei der Siegerehrung in Tromsø 2013 drückte ihm jemand die bayrische Fahne in die Hand. Der Weltcupsieger schwenkte sie mit Überzeugung: »Im Nationalteam sind sowieso lauter Bayern.« Und er war schneller als alle anderen. Seine Freunde hatten recht.

HAPPINGER SEE
83026 ROSENHEIM
WWW.SEPPI-ROTTMOSER.DE

Wo waren Sie am Sonntagabend?
Sigrid Büscher wird im Kriminalkommissariat verhört

Sie ist ein echter ›Rosenheim-Cop‹: die Kriminalhauptkommissarin Sigrid Büscher. Ihr Büro liegt in einem dunkelgrauen Betonbau in der Kaiserstraße 32. Von hier aus kümmert sie sich um ihr Aufgabengebiet: Tötung, Sitte, Brand. Sie befragt Zeugen und Verdächtige, sortiert die Indizien und stellt Ermittlungsakten zusammen. Aber an diesem Montagmorgen ist alles anders: Die Kommissarin schlüpft in die Rolle der Befragten. Ihre Aussagen werden aufgezeichnet. Es folgt das Gesprächsprotokoll.

Erika Thimel: Frau Büscher, wo waren Sie am vergangenen Sonntagabend zwischen 20.15 Uhr und 21.45 Uhr?
Sigrid Büscher: Vor dem Fernseher, weil ich ein großer ›Tatort‹-Fan bin. Nur eines kann ich nicht ertragen: wie die Kommissarin Charlotte Lindholm mit den uniformierten Kollegen umspringt. Es wird einfach zu oft das Klischee vom dummen Dorfpolizisten bedient, dem sie als Kommissarin arrogant die Unterlagen vom Schreibtisch fegt. In der Realität arbeiten wir mit den uniformierten Kollegen auf Augenhöhe, jeder in seinem Aufgabenbereich.
Auch die ›Rosenheim-Cops‹ werden verdächtigt, Fernsehzuschauern falsche Tatsachen vorzutäuschen. Was sagen Sie dazu?
Während TV-Kommissar Korbinian Hofer und seine Kollegen in unserer schönen Gegend rumkurven oder im Wirtshaus sitzen, arbeiten die echten Kommissare viel am Schreibtisch. Hier verbringen wir mindestens 50 Prozent unserer Zeit, weil alles schriftlich fixiert werden muss, damit jeder Schritt für den Staatsanwalt und das Gericht nachvollziehbar ist – sonst kann ein Verfahren platzen.
Wer kann Ihre Aussagen bestätigen?
Vielleicht die Schweden? *(lacht)* Bei den Geschichten um Kommissar Wallander sind zumindest die Begleitumstände einer akuten Ermittlung annähernd wirklichkeitsgetreu: Der Arbeitstag findet kein Ende, geregelte Mahlzeiten gibt es nicht und manchmal vergisst man sogar, genug zu trinken. Damit kann ich mich gut identifizieren.

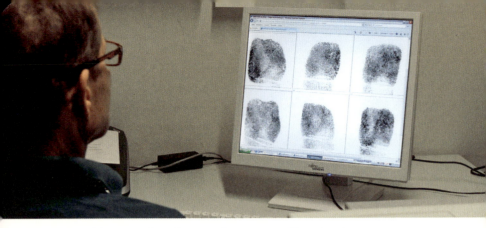

Dem Täter auf der Spur: Arbeitsplatz Rosenheimer Kriminalkommissariat

In welchen Punkten können Sie beim Realitätscheck die Münchner ›Tatort‹-Kommissare entlasten?
Beim Frotzeln! Die Kollegen Batic und Leitmayr frotzeln fast wie im richtigen Leben. *(lacht)* Vieles in diesem Job lässt sich eben nur mit Humor aushalten und verarbeiten.

Das Telefon klingelt. Frau Büscher erkennt die Nummer auf dem Display sofort. Sie gehört dem Staatsanwalt. Er will wissen, welche Fälle das Wochenende in Rosenheim gebracht hat. Einen versuchten Totschlag gibt es zu vermelden. Ein ungeliebter Schwiegersohn wollte sich vom Vater seiner Braut mit einer Eisenstange trennen. Er zielte mit Wucht auf den Kopf. Der Attackierte überlebte.

Wie sicher ist Rosenheim?
Wenn man der Statistik glauben darf, ziemlich sicher: Seit 2005 gibt es insgesamt im südlichen Oberbayern eine rückläufige Tendenz der Gesamtstraftaten, obwohl die Internet-Kriminalität stark zunimmt.
Überweisen Sie noch online?
Ich schon, weil es praktisch ist, aber Kollegen, die sich mit Cyber-Kriminalität befassen, tragen jede Überweisung zur Bank.
Das klingt, als hätten Sie noch ein Grundvertrauen in die Menschen, obwohl Sie sich berufsmäßig mit deren Abgründen befassen müssen. Wie hat Ihre Arbeit Ihr Menschenbild verändert?

Sigrid Büscher wird im Kriminalkommissariat verhört

Die Illusionen werden weniger. Ich glaube, ich sehe die Menschen ziemlich realistisch.
Glauben Sie, jeder kann zum Mörder werden?
Nein. Nur ganz selten wundert man sich, wer zum Mörder wird. Das sind dann Leute, denen es wirklich niemand zugetraut hätte, auch nicht ihnen nahestehende Personen.
Wie rasch entwickeln Sie ein Gefühl dafür, wer der Täter gewesen sein könnte?
Im Umfeld entsteht oft schnell ein Verdacht, aber dann muss man sich am Riemen reißen und daran erinnern: Es könnte auch anders gewesen sein. Jeder hat sich schon einmal getäuscht, deshalb wird in alle Richtungen ermittelt – auch gegen den sogenannten Instinkt. Außerdem sind wir verpflichtet, Entlastendes zu suchen, sonst könnte später das Verfahren scheitern.
Wie groß ist die Macht des Gewissens? Treibt es Ihrer Erfahrung nach die meisten Täter zum Geständnis oder versucht im Extremfall fast jeder, seine Haut beziehungsweise Freiheit zu retten?
Die meisten versuchen zunächst, sich rauszureden, die Tat zu verharmlosen, oder sie erklären uns, warum sie praktisch nicht anders konnten.
Bleibt bei einem reinen Indizienprozess nicht immer ein letzter Zweifel?
Wenn ich ermittelt habe, dann bin ich bei der Gerichtsverhandlung sicher: Da vorne steht der Richtige.
Wie hoch sind die Aufklärungsraten in Ihrem Kommissariat?
Wir haben seit zehn Jahren keine ungeklärten Tötungsdelikte.

Büscher und ihre Kollegen von der Spurensicherung haben eine zuverlässige Informantin: die DNA. Dieser genetische Fingerabdruck überführt heute viele Täter. Da helfen auch kein Schal und keine Handschuhe. Mit dieser Ausrüstung wollte eine Mörderin Spuren verhindern, als sie einen Mitmenschen ins Jenseits schickte. Dabei hatte sie die Fähigkeiten von Büschers Leuten unterschätzt. Die wiesen einen DNA-Abrieb der Frau an der hinteren Hosentasche des Opfers nach. *Ein letzter Klaps zum Abschied?*

Töten Frauen anders als Männer?
Das ist schwierig zu beantworten, weil Frauen seltener morden, aber wenn, dann geht's den Männern an den Kragen. Meine Erfahrung zeigt: Frauen erdrosseln und erwürgen ihre Opfer.
Ich hätte Gift vermutet. Dazu braucht man weniger Kraft, und den Todeskampf des Opfers stell ich mir beim Erdrosseln grausam vor.
Mir fällt kein Fall mit Gift ein, an das kommt man auch nicht so leicht ran. Das Föhnkabel liegt da schon näher. Eine Täterin hat es um den Hals ihres schlafenden Partners geschlungen und zugezogen. Eine andere hat ihre Lebensgefährtin mit einem Kissen erstickt, da waren allerdings auch Drogen im Spiel.

Tatort Schreibtisch: kein gewöhnlicher Bürojob

Warum morden Frauen Ihrer Erfahrung nach?
Wenn sie, grob gesagt, die Schnauze voll haben. Die Frau mit dem Föhnkabel hat sich mit den Worten ›Jetzt reicht es, Schatzi‹ von ihrem Mann verabschiedet. Bei Männern ist das Hauptmotiv hingegen Liebe und Eifersucht.
Nimmt die Gewalt gegenüber Frauen zu?
Es ist eher so, dass sich das Anzeigenverhalten ändert, gerade im familiären Bereich. Auch weil die Hilfsangebote heute besser sind. Es gibt Frauenhäuser und Opferanwälte. Der Schritt zur Polizei kann Frauen das Leben retten.
Stimmt es, dass die Täter meistens aus dem persönlichen Umfeld kommen?
Zu über 90 Prozent. Die wenigsten Opfer werden auf der Straße überfallen oder umgebracht.

Die Kommissarin Sigrid Büscher ermittelt seit 1999 in Rosenheim. Ihr Fernsehkollege Korbinian Hofer ging drei Jahre später auf Sendung. Seitdem verbreitet er den Eindruck, dass es sich bei der Kripo in Rosenheim gut leben lässt: morgens im Stall, mittags beim Wirt und abends eine Maß vor dem eigenen Bauernhaus. Praktischerweise hat Hofer es auch nicht weit bis zur Rechtsmedizin. Die haben ihm die Drehbuchautoren direkt nach Rosenheim fantasiert. Die Realität

Sigrid Büscher wird im Kriminalkommissariat verhört

sieht anders aus: Büscher muss für jede Obduktion nach München fahren, um den Medizinern vor Ort den Fall zu schildern.

Leichen gehören zu Ihrem Job. Wie beeinflusst die häufige Konfrontation mit dem Tod Ihre Einstellung zum Leben?
Bei uns landen viele ungeklärte Todesfälle. Menschen, die an einem Tag noch pumperlg'sund waren und am nächsten tot umgefallen sind. Da wird einem immer wieder bewusst, wie schnell es vorbei sein kann. Vielleicht sage ich deshalb so oft wie möglich zu meinem Mann: »Heute ist das Wetter schön, komm, wir fahren in die Berge.« Wer weiß, was nächste Woche ist.

Können Sie jungen Menschen Ihren Beruf empfehlen oder ist eine Fernsehrolle als Kommissar die bessere Alternative?
Ich wollte nie eine Beamtenlaufbahn einschlagen. Eine Freundin hat mich drauf gebracht, die meinte: »Bei der Polizei gibt es einen Sporttest, das wär doch was für uns.« Im Endeffekt habe ich mich beworben und es nie bereut. Bei der Kripo bleibt es spannend, am Morgen weiß man nicht, was der Tag bringt. Allerdings muss man hart im Nehmen sein.

Der nächste Fall kommt bestimmt. Welche Frage stellen Sie bei einer Vernehmung gewöhnlich zuerst?
Die erste Frage bezieht sich normalerweise auf die Umstände und Gegebenheiten. Mit Fragen wie ›Wo waren Sie gestern Abend zwischen 20.15 Uhr und 21.45 Uhr?‹ eröffnen normalerweise nur Fernsehkommissare ihre Vernehmungen.

Apropos, wann haben Sie die ›Rosenheim-Cops‹ zuletzt gesehen?
Das ist leider schon lange her. Die Serie läuft für echte Kommissare einfach zu früh.

KRIMINALKOMMISSARIAT
POLIZEIDIENSTSTELLE OBERBAYERN SÜD
KAISERSTRASSE 32
83022 ROSENHEIM
WWW.POLIZEI.BAYERN.DE

Der Hofer ist die Rolle seines Lebens
Joseph Hannesschläger im Biergarten des ›Happinger Hofs‹

Einer der wohl berühmtesten Rosenheimer ist ein echter Münchner: der Schauspieler Joseph Hannesschläger. Ganz Deutschland kennt ihn als Kommissar der erfolgreichen ZDF-Serie ›Die Rosenheim-Cops‹. Er hat die Rolle des Korbinian Hofers geprägt – und das hat er nun davon: Er kann keinen Schritt mehr durch Rosenheim gehen, ohne um ein Autogramm gebeten zu werden. Hannesschläger reagiert freundlich: vor dem Rathaus, am Max-Josefs-Platz und am Ludwigsplatz. Doch dann versteckt er sich doch lieber im Biergarten des ›Happinger Hofs‹, um in Ruhe ein Stadtgespräch zu führen. Er kommt gerne in diesen gepflegten Landgasthof und bestellt ein alkoholfreies Weißbier. Aber noch bevor die Bedienung das Glas serviert, steht eine Dame am Tisch und bewirbt sich um eine Komparsenrolle. Berührungsängste kennt sie nicht. Das muss an Hofer liegen. Man mag ihn einfach, weil Joseph Hannesschläger ihn vor dem Klischee des Landeis bewahrt hat.

Joseph Hannesschläger: Ursprünglich war die Rolle sehr hinterwäldlerisch angelegt, als Charakter, der aus dem Bauch reagiert, mit geringer Allgemeinbildung, traditionell bis rückständig. Da habe ich gesagt: So ein Blödsinn! Der ist genauso gebildet wie sein norddeutscher Kollege aus der Großstadt. Schließlich lebt man auf dem Land nicht hinter dem Mond. Durch Internet, Fernsehen und andere Medien ist Wissen genauso leicht zugänglich wie in der Stadt. Unwahrscheinlich viele Innovationen entstehen auf dem Land, man braucht sich nur in der Rosenheimer Region umzusehen. Also wollte ich dem Korbinian das geben, wovon ich persönlich überzeugt bin: Traditionen sind bewahrenswert, wenn sie Sinn machen, wenn nicht, muss man sie auch ablegen können.
Erika Thimel: Welche Gemeinsamkeiten gibt es noch zwischen Ihnen?
Eines haben wir auf jeden Fall gemeinsam: Wir sind beide Genussmenschen. Außerdem spreche ich durch die Rolle auch privat wieder

Eine Komparsenrolle im ›Happinger Hof‹

bayrischer. Als ich noch hauptsächlich klassisches Theater gespielt habe, sprach ich mehr Hochdeutsch.

Sie haben von Shakespeares ›Sommernachtstraum‹ bis zu Pasolinis ›Orgie‹ eine große Bandbreite gezeigt. Jetzt spielen Sie seit 13 Jahren Korbinian Hofer. Wie oft denken Sie ans Aussteigen?

Natürlich würde ich auch gerne einmal wieder eine gegensätzliche Rolle spielen, aber der Hofer ist die Rolle meines Lebens. Die Serie ist erfolgreich, macht Spaß und ernährt mich. Die meisten Darsteller, die aus erfolgreichen Serien ausgestiegen sind, haben es später bereut. Nur für die Rolle des Bösewichts bei James Bond würde ich es mir vielleicht überlegen *(lacht)* – bis dahin bleibe ich bei der Rosenheimer Kripo, immerhin bin ich inzwischen bayrischer Ehrenkommissar und habe die Mitgliedskarte der Polizeigewerkschaft.

Kommen Sie auch außerhalb der Drehzeiten nach Rosenheim?

Durchaus, da gibt es immer wieder private oder offizielle Anlässe. Zuletzt war ich bei der Trauerfeier von Otfried Preußler, wo ich eine Lesung machen durfte. Ich bin mit Rosenheim schon seit meiner Kindheit verbunden, da mein Vater aus Kolbermoor stammt. Nach dem Krieg ging er nach München, um dort zu arbeiten, aber wir haben regelmäßig meine Großmutter besucht und kamen dadurch häufig nach Rosenheim. Es hat sich seitdem viel getan in Rosenheim: Die Stadt ist schöner geworden, offener und moderner. Und irgendwie auch herzlicher.

Der Biergarten ist doch kein gutes Versteck für Joseph Hannesschläger. Drei Jungs haben ihn entdeckt. Sehr höflich und sichtlich nervös kommen sie an den Tisch. »Wo wohnen Sie eigentlich hier?«

Für die Fans ist klar: Der Hauptkommissar ist ein Rosenheimer. Er gehört zu ihrer Stadt. Der Beweis: Er darf das Rathaus als

Joseph Hannesschläger im Biergarten des ›Happinger Hofs‹

Kommissariat nutzen, und hier käme niemand auf die Idee, ihn eines Verbrechens zu verdächtigen. Ganz anders in München: Da wurde Hannesschläger für einen Bankräuber gehalten, allerdings vor über 20 Jahren, als die Kreissparkasse am Sendlinger-Tor-Platz überfallen wurde und ein Phantombild des Täters durch die Medien ging. Irgendjemand meinte, Hannesschläger darauf zu erkennen. Schon klingelte es an seiner Tür. »Polizei, dürfen wir reinkommen?« Es klang ernst.

»Zum Glück hatte ich ein Alibi«, berichtet der TV-Kommissar lachend. »Zum Zeitpunkt des Überfalls pflegte ich zu Hause meine kranke Freundin und der Hausarzt war zu Besuch. Trotzdem kommt man sich vor wie im falschen Film.«

Korbinian Hofer würde sich vermutlich auch gerne um eine Freundin kümmern. Es wäre an der Zeit, ihm mit einer Rosenheimerin Glück in der Liebe zu gönnen.
Ich finde schon, aber die letzte wirkliche Liebesgeschichte hatte Korbinian vor zehn Jahren. Die Liebe war groß, aber das Drehbuch hat die Frau nach Argentinien geschickt, und so ist der Hofer noch immer solo, obwohl die Fans seit Langem nach mehr Romantik in Korbinians Leben fragen.

Wenigstens Hannesschläger muss sich nicht um weibliche Aufmerksamkeit sorgen. Schon wieder wollen hier, im ›Happinger Hof‹, zwei Frauen etwas von ihm: eine Videobotschaft. Der Schauspieler kommt auch diesem Wunsch nach. Er hat ein großes Herz für die Rosenheimer. Irgendwie ist er ja auch selbst einer.

HAPPINGER HOF
HAPPINGER STRASSE 23–25
83026 ROSENHEIM
WWW.HAPPINGERHOF.DE
WWW.JOSEPHHANNESSCHLÄGER.DE

Ich liebe diese Stadt!
Oberbürgermeisterin Gabriele Bauer im Rathaus

»Gleich kommt sie«, flüstert eine Viertklässlerin andächtig ihrer Freundin zu. Zusammen mit ihren Klassenkameraden warten die Mädchen im Großen Saal des Rosenheimer Rathauses auf Gabriele Bauer. Nach einer Führung durch das Haus können sie es kaum erwarten, endlich die Frau Oberbürgermeisterin persönlich zu treffen. Da geht auch schon die Tür auf und Bauer begrüßt ihre kleinen Gäste herzlich. Regelmäßig lädt sie Schüler ein und nimmt sich Zeit, alle Fragen zu beantworten. Sogar ihre Amtskette dürfen die neugierigen Besucher anprobieren. »Es liegt mir am Herzen, dass die Kinder ein gutes Gefühl für unsere Stadt bekommen«, erklärt sie.

Die kleinen und großen Rosenheimer lieben ihre Oberbürgermeisterin: Seit 2002 führt sie den Ort erfolgreich, 2008 wurde sie mit rund 70 Prozent der Stimmen im Amt bestätigt. Eine aktuelle Studie der ansässigen Hochschule besagt, dass 92 Prozent der Rosenheimer gerne in ihrer Stadt leben. Eines der lokalen Highlights der letzten Jahre war die Landesgartenschau 2010, mit der Bauer nicht nur den Mangfall-Park, sondern auch die Straßen und Plätze aufblühen ließ.

Im Großen Sitzungssaal bricht Jubel aus. Die Oberbürgermeisterin hat den Kindern zum Abschied versprochen, sie bald in ihrer Schule zu besuchen – mit der berittenen Polizei. »Rosenheim ist nach München die einzige Stadt in Bayern mit einer eigenen Pferdestaffel«, erzählt Bauer. Nur wenige Wochen später ist es so weit: In der Grundschule an der Prinzregentenstraße klappern acht Hufe über den Pausenhof. Ein Fuchswallach schreitet voran. Er ist das Patenpferd von Gabriele Bauer und wurde auf den Namen ›Bürgermeister‹ getauft. Es scheint, als erkenne er sofort seine Patin unter all den Schulkindern. Erfreut schnaubt er. Ahnt er etwa, dass sie ihm wieder einen Eimer Karotten mitgebracht hat?

Ein Junge tut kund, dass das zweite Pferd eigentlich viel sympathischer als der Bürgermeister sei und will von Bauer wissen, warum sie nicht die Patenschaft für das offensichtlich viel nettere Tier übernommen habe. »Weil es für die Traurigen schwieriger ist, einen Part-

Gabriele Bauer: »Ich möchte, dass ihr wisst: Polizisten helfen und beschützen uns«

ner zu finden als für die Lustigen«, erklärt sie und berichtet, dass ihr Schützling schwere Zeiten hinter sich hat. »Es gibt Menschen, die sich ein Tier anschaffen und es dann nicht richtig behandeln.« Bürgermeister hat Glück gehabt. In der Obhut der Polizei lebte er wieder auf und macht sich prächtig. Sein Reiter, ein uniformierter Streifenpolizist, erzählt von Einsätzen in Parks, Fußballstadien und an Badeseen.

»Müssen Sie Verbrecher erschießen?«, will ein Junge sofort wissen. »Ich habe in meiner 33-jährigen Laufbahn noch nie meine Pistole benutzen müssen«, antwortet der Beamte und fügt hinzu, dass allein die Präsenz der Pferde so manche Situation entschärfe. Die Menschen hätten Respekt vor ihnen und viele freuten sich, wenn sie die Tiere sehen. Die Schüler beweisen es an Ort und Stelle: Begeistert nähern sie sich den Vierbeinern und füttern sie mit den Karotten der Oberbürgermeisterin. Sie steht lächelnd daneben und sagt: »Ich möchte, dass ihr wisst: Polizisten helfen und beschützen uns.«

Gabriele Bauer spricht klares Hochdeutsch. 1952 in Schwerin geboren, wuchs sie als Flüchtlingskind im Rheinland auf. Ihre Verbindung zu Rosenheim gründet auf einer Liebesbeziehung. »1972 habe ich hierher geheiratet und seitdem ist Rosenheim eine echte Heimat für mich geworden. Ich liebe diesen Ort und seine Menschen über alles, und mir ist wichtig, dass es uns gemeinsam gelingt, das gute Klima in unserer Stadt zu festigen, sozialen Frieden zu erhalten und dass wir uns jederzeit offen ins Gesicht schauen können.« Gleichzeitig sorgt sie für die ökologische und wirtschaftliche Zukunft. »Mein Motto lautet: heute an das Morgen denken. Wir haben den Dialogprozess ›Stadtentwicklungskonzept Rosenheim 2025‹ begonnen und arbeiten an einem integrierten Klima-, Energie- und Umweltschutzkonzept.« Sie weist stolz darauf hin, dass Rosenheim zu einem der wirtschaftlich stärksten und attraktivsten Standorte in Europa gehört – mit grundsoliden Finanzen. Die Chefin scheint wie geboren für diese Managementleistung, aber im Grunde hat Rosenheim seine Oberbürgermeisterin einem besorgten Mitmenschen zu verdanken: »Nachdem mein Mann 1985 gestorben ist, hat ein Nachbar zu mir gesagt: ›Jetzt müssen Sie raus aus dieser Tristesse, ich werde Sie im Stadtrat als Kandidatin empfehlen.‹« Bauer stellte sich vor, bekam zwar den chancenlosen Platz 27, aber ihr Interesse war geweckt. Sie machte weiter, bis sie an die Spitze Rosenheims gewählt wurde.

Bürgermeister stupst seine Patin an und schnaubt ihr Karottenstücke auf den feinen Leinenblazer. Bauer ignoriert den Fleck und streichelt das Pferd, dann entdeckt sie ein Mädchen, das versucht, ihre Aufmerksamkeit zu gewinnen. »Was ziehen Sie gerne an?«, will die Viertklässlerin wissen.

»Dirndl!«, antwortet Bauer prompt.

Begeistert ruft das Kind: »Ich auch!« Seine Freundin steht daneben und nickt. Die Oberbürgermeisterin finden die beiden ›echt cool‹. Am liebsten würden sie gleich nächste Woche wieder ins Rathaus.

RATHAUS
STADTVERWALTUNG ROSENHEIM
KÖNIGSTRASSE 24
83022 ROSENHEIM
WWW.ROSENHEIM.DE

Flötzinger, das ist Rosenheim!
Andreas Steegmüller-Pyhrr in der Privatbrauerei

Vom Gerichtssaal in die Brauerei: Der Rechtsanwalt Andreas Pyhrr verliebte sich in die Juniorchefin des Flötzinger Bräus, der einzigen und ältesten Familienbrauerei Rosenheims. Seit 1543 gehört sie zur Stadtgeschichte. Pyhrr wusste also, wer sein künftiger Schwiegervater war, als er ihm auf dem Herbstfest von dessen Tochter Marisa vorgestellt wurde. Seit 2002 gehört Andreas Pyhrr nun zur Geschäftsleitung des Traditionsunternehmens, 2012 haben er und Marisa Steegmüller geheiratet. Beim Stadtgespräch in der Herzog-Heinrich-Straße 7, dem Stammsitz der Brauerei, erinnert er sich.

Erika Thimel: Herr Steegmüller-Pyhrr, wie haben Sie die Sympathie von Franz Steegmüller bei Ihrer ersten Begegnung im Bierzelt gewonnen?
Andreas Steegmüller-Pyhrr: Die Marisa hat mir damals gesagt: »Du musst dich nicht wundern, der Vater redet nicht sehr viel, wenn er einen Menschen noch nicht kennt.« Mit mir hat er sich aber gleich gut unterhalten, wir haben uns spontan gemocht und geschätzt. Uns verbindet eine bayrische Bodenständigkeit.
Erinnern Sie sich an Ihr erstes Gesprächsthema?
Es ging nicht um Bier, sondern um das Leben an sich. Franz Steegmüller ist ein sehr lebenserfahrener und kluger Mensch mit feinen Tentakeln.
Seine Tochter haben Sie in einem kleinen bunt bemalten Fiat zur Trauung gefahren. Wie sind Sie auf diesen Wagen gekommen?
Das hat mit dem ›Gsindlkind‹ der Riederinger Theatermacher ›Himmegugga‹ angefangen. Da fahren Hippies einen bunten Wagen auf die Bühne. Meine spätere Frau hat sofort gesagt: »So ein Auto will ich auch.« Ich musste dann zu meinem Entsetzen mit ansehen, wie die feine Perlmuttlackierung unseres Fiats mit Schmirgelpapier traktiert wurde. Dann wurde von Hand eine Mischung aus Flötzinger, Marisa Steegmüller und Bierzeltgaudi drauf gemalt.

Der Erste Braumeister: Franz Amberger

War da schon klar, dass es Ihr Brautauto wird?
Ich weiß gar nicht so recht, ob erst der arme Fiat bemalt wurde oder der Gedanke da war: Wir könnten heiraten. Auf jeden Fall hat das Auto eine zentrale Rolle gespielt. Mit ihm wurde ich erhört, nach zwölf Jahren und zwei Kindern.

Wie bereiten Sie Ihre Kinder auf die Zukunft im Familienunternehmen vor?
Der Finger wird schon mal in den Bierschaum gehalten. *(lacht)* Wir zeigen ihnen, was zu einer Familienbrauerei gehört, und nehmen sie mit zu Gastwirten, Festveranstaltungen und Umzügen. Die Kinder wachsen in die Welt des Bieres hinein. Als sich neulich unsere Tochter über die Malkünste ihres älteren Bruders lustig gemacht hat, konterte der: »Ich muss keine Bilder malen können, das gehört nicht zur Brauereiarbeit.«

Was wollten Sie selbst als Kind werden?
Ich hab als Bub oft Wirt gespielt, mir Speck abgeschnitten und über den Tisch geschoben. Da ich gleichzeitig Gast war, habe ich den Speck auch gegessen. Ich gehe heute noch sehr gerne in eine gestandene Wirtschaft zum Brotzeit machen, Bier trinken und ratschen. Die bayrische Mentalität steckt in mir drin, vom Dialekt bis hin zur Naturverbundenheit.

Die Tür öffnet sich und herein kommt Franz Amberger, der Erste Braumeister. Er taucht im richtigen Moment auf, denn gleich geht es um Bier. 17 verschiedene Sorten werden in den Kesseln in der Herzog-Heinrich-Straße gebraut. Dafür gibt Amberger alles. Das Ergebnis sind ausgezeichnete Gerstensäfte: Das ›Flötzinger Helle‹ und der ›Josefi Bock‹ gewannen 2012 den ›World Beer Award‹. Sie gelten damit

Andreas Steegmüller-Pyhrr in der Privatbrauerei

als ›beste Biere der Welt‹. Entschieden hat das eine 40-köpfige internationale Jury, die mehrere hundert europäische, asiatische und amerikanische Biere verkostet hat.

Was macht das Flötzinger besser als andere Biere?
Franz Amberger: Bei uns hat jedes der Biere seinen eigenen Sud und dadurch einen ganz eigenständigen Charakter. Die internationalen Industriebrauereien verschneiden häufig ihre wenigen Sorten aus nur einem Mutterbier. Ein Solitärprodukt wie unser ›1543-Weißbier‹ lässt sich so nicht brauen – und das ›1543‹ ist das Weißbier unserer Region, das darf man in aller Bescheidenheit sagen.
Welche Entstehungsgeschichte steckt dahinter?
Steegmüller-Pyhrr: Der Bruder meiner Frau, der leider im Februar 2012 viel zu früh verstorbene Franz Steegmüller junior, wollte eine unverwechselbare Solitärmarke brauen, die aus der Linie der hellen und dunklen Weißbiere heraussticht. Die Idee mit unserem Gründungsjahr 1543 als Bezeichnung war schnell geboren. Inzwischen gibt es die eine oder andere Brauerei, die auch mit Zahlen arbeitet, aber wir haben einen echten historischen Hintergrund.
Ihr Weißbier wird wie Champagner in der Flasche gegoren. Warum?
Amberger: Weißbiere entwickeln bei der Flaschengärung ein ganz anderes Aromaspektrum. Außerdem lässt sich beim flaschengegorenen Weißbier das Einschenken zelebrieren und ich kann als Konsument entscheiden, wie viel Hefe ich im Glas will.
Inzwischen gibt es immer mehr Bier-Sommeliers. Braucht ein Rosenheimer die?
Steegmüller-Pyhrr: Ein bayrischer Bierkenner schafft es sicher auch ohne Sommelier, allerdings zeigt der neue Beruf, dass die Entwicklung Richtung Genuss und Qualität geht. Früher galt das Bier als billiges Getränk für jedermann und Wein als etwas Besonderes. Heute ist Letzteres ein Massenprodukt geworden. Ohnehin ist Bier die größere Herausforderung, weil es viel aufwendiger ist, ein gutes Bier zu machen als einen guten Wein.

Amberger: Man sagt zwar, im Wein steckt die Wahrheit, aber Bier ist ehrlich. Im Gegensatz zum Wein gibt es beim Bier keine Auslegungsart. Entweder es schmeckt oder es schmeckt nicht. Beim Wein entschuldigt man vieles mit dem Boden und Jahrgang. Beim Bier dagegen will der Kunde jedes Jahr die gleiche Qualität. Es ist sehr anspruchsvoll, langfristig ein gutes Bier zu machen, da steckt ganz viel Handwerkskunst drin.

Der Flötzinger-Senior-Chef: Franz Steegmüller

Wie sehr ist ein Braumeister von der Natur abhängig?
Amberger: Wir müssen die Natur ausgleichen. Die Rohstoffe sind jedes Jahr anders, so bestimmen zum Beispiel die Sonnenstrahlen, wie viel ätherische Öle im Hopfen sind. Unsere Aufgabe ist es, ein konstant gleiches Geschmackserlebnis zu garantieren. Bier zu brauen, erfordert viel Fleiß, Handwerkskunst und Geduld.
Trotzdem kostet es verhältnismäßig wenig. Ist Bier zu günstig?
Steegmüller-Pyhrr: Ganz sicher! Handwerklich gut gebrautes Bier braucht Zuwendung und Zeit. Wo wir sechs Wochen Reifezeit geben, investiert eine Industriebrauerei keine fünf Tage – und spart dadurch natürlich Produktionskosten.
Schmeckt der Laie den Unterschied?
Amberger: Sofort, wenn er den direkten Vergleich hat.
Haben bayrische Brauereien die anspruchsvolleren Kunden?
Steegmüller-Pyhrr: Obwohl leider auch bayrische Verbraucher in großen Mengen Billigbier trinken, wissen wir anhand konkreter Zahlen, das der Bayer gerade beim Bier nicht so gerne Kompromisse macht, sondern qualitätsbewusst und überlegt kauft. Das Leben ist nicht nur viel zu kurz, um schlechten Wein, sondern erst recht, um schlechtes Bier zu trinken. Die flächendeckenden deutschen Industriebrauereien können in unserer bayrischen Region, gottlob, nicht so recht Fuß fassen, obwohl sie ihre Produkte zu Preisen anbieten, die gut ein Drittel unter denen der regionalen Spitzenbiere liegen.

Andreas Steegmüller-Pyhrr in der Privatbrauerei

Amberger: Die produzieren enorme Mengen mit unwahrscheinlich wenigen Mitarbeitern. Wir Regionalbrauereien versorgen die Bevölkerung nicht nur mit guten Bieren, sondern auch mit Arbeitsplätzen. Regionalbrauereien machen anständiges Bier auf anständige Weise, das hat am Schluss seinen Preis.

Bier wird immer öfter gemixt angeboten. Was halten Sie von solchen Trends?

Amberger: Über Jahrzehnte haben sich immer die klaren, unverfälschten Dinge bewährt. Bei der Suche nach etwas Außergewöhnlichem wird oft das Besondere kaputtgemacht. Die Leute wollen das meistens gar nicht. Das sieht man daran, was am Ende von den Trends übrig bleibt: Radler und Russenmass.

Herr Amberger, Sie gehen privat auf die Jagd. Gibt es eine Parallele zwischen jagen und brauen?

Amberger: Für beides braucht man viel Ausdauer und Begeisterung.

Was gefällt Ihnen an der Jagd?

Amberger: Mir gefällt daran, dass ich draußen in der Natur bin und mich von der Hektik des Alltags erholen kann. Ein großer Trophäenjäger bin ich nicht.

Worauf zielen Sie beim Bier?

Amberger: Ich will das Flötzinger Bier als unverwechselbares Bier positionieren. Süffig, mild, angenehm und für jede Gesellschaft. Die Leute sollen blind erkennen: Das ist ein gutes Flötzinger Bier, das schmeckt mir, hinter dem stehe ich.

Steegmüller-Pyhrr: Unser Bier ist das ›fünfte Element‹ der Bayern. Flötzinger – das ist Rosenheim! Wohl bekomm's!

FLÖTZINGER BRAUEREI
FRANZ STEEGMÜLLER KG
HERZOG-HEINRICH-STRASSE 7
83022 ROSENHEIM
WWW.FLOETZINGER-BRAEU.DE

Mit Magie ist alles möglich
Siegfried Fischbacher am Fenster der St.-Nikolaus-Kirche

In diesem Moment muss er es geahnt haben: Er würde einer der größten Zauberer aller Zeiten werden. Millionen von Menschen würden gebannt auf die Bühne blicken, wenn er mit Tigern auftreten würde wie andere mit Kaninchen. Er würde Magie neu definieren, als einer der beiden Jahrhundertmagier Siegfried und Roy.

Aufgeregt starrte der achtjährige Siegfried Fischbacher im Jahr 1947 durch eine Schaufensterscheibe in seiner Heimatstadt Rosenheim. Dahinter lag ein Buch über Zauberkunst. »Ich musste es haben«, erinnert er sich später. Fünf deutsche Mark sollte es kosten. Der Preis war ein Vermögen für einen Jungen aus einfachen Verhältnissen, so kurz nach dem Zweiten Weltkrieg. Aber schon damals wollte er das Unmögliche möglich machen.

Über sechs Jahrzehnte später: Buntes Licht leuchtet in die Stadtpfarrkirche St. Nikolaus hinein. Ihr 65 Meter hoher Turm ist das Wahrzeichen Rosenheims, und seit 2006 die Renovierung der katholischen Kirche abgeschlossen wurde, thront er über einem einzigartigen Kirchenschiff, dessen puristische Inneneinrichtung die Erfahrung ›Gott ist Licht‹ vermitteln soll. Tatsächlich tanzen Farbnuancen auf den polierten Marmorwänden. Die Sonnenstrahlen haben sie auf ihrem Weg durch das Glasfenster aufgesammelt. »Das hat Siegfried gestiftet«, flüstert eine Besucherin und zeigt auf das Fenster vorne rechts. »Schau, da steht's.« Sie liest die Widmung vor: »Siegfried & Roy gift for the ages.« Dann erzählt sie von diesem Geschenk für die Ewigkeit und von der göttlichen Fügung, mit der alles begann.

Siegfried hoffte 1947 auf seine Mutter. Vielleicht würde sie ihm die notwendigen fünf Mark geben, wenn er sich zu Hause nützlich machte? Wo er nur konnte, ging ihr der Junge zur Hand. Als er schließlich eifrig das Geschirr der Familie säuberte, wurde Frau Fischbacher der Aktionismus ihres Sohnes unheimlich. Hatte er etwas ausgefressen? Siegfried versuchte, ihr von dem Zauberbuch zu erzählen, aber seine Mutter riss nur entsetzt die Arme hoch. Um

Himmels willen! Ihr Sohn musste von allen guten Geistern verlassen sein. Es war schwer genug, mit ihrem von Krieg und Gefangenschaft traumatisierten Mann und den drei Kindern durchzukommen. Siegfried blieb nur noch der liebe Gott. Als Ministrant kannte er sich mit dem Glauben aus. Noch heute ist er überzeugt, dass es keine Zufälle gibt und alles im Leben eine Bestimmung hat. Magie! In Rosenheim erlebte er sein erstes Wunder. Der kleine Junge lief los, weg von den Worten der Mutter. Er lief und lief. »Und was dann passierte, kommt eigentlich nur im Märchen vor«, berichtet er.

Plötzlich lag das Geld vor ihm. Exakt fünf Mark. Das konnte nur eines bedeuten: Das Zauberbuch war für ihn bestimmt. Er lernte jeden einzelnen Trick, übte, übte weiter und übte bis zur Perfektion. Schließlich nahm er seinen Mut zusammen, eine Münze, ein Glas und ein Taschentuch und stellte sich vor seinen Vater. »Schau, Papa!« Siegfried ließ das Geldstück verschwinden – und der Effekt war enorm. »Es war das erste Mal, dass er mich wahrgenommen hat«, beschreibt Fischbacher rückblickend die Situation.

Das ›Zauberfenster‹ in der St.-Nikolaus-Kirche

Siegfried zauberte weiter: für die Nachbarn, die Klassenkameraden, auf Feiern und für Fremde. Wenn er träumen wollte, schlich er sich nachts manchmal in den Theatersaal des Kolpinghauses am Ludwigsplatz und stellte sich auf die Bühne. In den leeren Stuhlreihen sah er sein Publikum. In der Stille hörte er den Applaus. Magie ist eine Illusion und ihre Kraft trieb ihn voran. »Eine große Idee ändert alles. Erfolg kommt, wenn man auf seine innere Stimme hört und unerschütterlich seine Träume verfolgt«, sagt er heute.

Mit 17 Jahren verließ Siegfried Fischbacher schließlich Rosenheim. Er sollte als Weltstar zurückkommen, aber zuerst musste

Siegfried Fischbacher am Fenster der St.-Nikolaus-Kirche

er sich um schmutziges Geschirr kümmern. Am Gardasee arbeitete er sich vom Tellerwäscher zum Barmann hoch, dann heuerte er als Stewart auf dem Luxusliner TS Bremen an. An Bord beeindruckte er erst seine Kollegen, dann den Kapitän und schließlich die Passagiere mit seinen Kunststücken. Er war auf seinem ganz persönlichen Traumschiff angekommen, bis er das Crewmitglied Roy Uwe Horn traf. Der gab sich im Gegensatz zu allen anderen unbeeindruckt und kritisierte, die Show sei vorhersehbar. Einen Verbesserungsvorschlag hatte er auch: Wenn Siegfried Hasen und Tauben verschwinden lassen konnte, dürfte eine Raubkatze doch kein Problem sein, oder?

»Mit Magie ist alles möglich«, antwortete der Zauberer. Der Rest ist Geschichte: Roy schmuggelte einen Geparden an Bord, die Zuschauer jubelten und die beiden starteten gemeinsam eine Weltkarriere, die sie in Las Vegas mit spektakulären Bühnenshows zum Höhepunkt trieben. Siegfried und Roy wurden die Magier des Jahrhunderts, bekamen einen Stern am ›Walk of fame‹ in Los Angeles – und reisen auch heute regelmäßig in die Heimat.

Fischbacher erklärt das gerne mit den Worten: »Ich bin noch immer der Siegfried aus Rosenheim. Ich hab Bayern im Herzen mitgenommen und war immer stolz auf meine Herkunft.« Und wo trifft man den großen Magier? Vielleicht in der Stadtkirche St. Nikolaus. Schließlich hat die ein Zauberfenster. »Glaube versetzt Berge.«

ST.-NIKOLAUS-KIRCHE
LUDWIGSPLATZ 3
83022 ROSENHEIM
WWW.SIEGFRIEDANDROY.COM

Ein Schlussakkord macht den Anfang
Petra Rose vom legendären Livemusik-Lokal ›Le Pirate‹

Manchmal denkt sie noch an ihn, es lässt sich kaum vermeiden. Der Mann hat ihr ein Souvenir hinterlassen, das sie jeden Abend vor Augen hat: eine große schwarze Piratenmaske. Sie hängt an der Wand und Petra Rose schaut darauf, wenn sie hinter dem Tresen ihrer Musikkneipe steht, dem inzwischen legendären ›Le Pirate‹ am Ludwigsplatz. Vor 40 Jahren hat Rose diese ›Institution‹ gegründet und seitdem werden hier Musikgeschichten geschrieben. Viele klingen nach Jazz und Blues. Sie kommen von weit her aus den USA und Kanada. Andere stammen aus Rosenheim und ziehen von der heimischen Bühne des ›Le Pirate‹ in die Welt hinaus. Das Lokal hat sich als Startrampe bewährt. Dem Mann, der einst die Piratenmaske an die Wand schraubte, würde das gut gefallen.

Georges kam als Franzose auf die Welt, als Spross einer vornehmen Pariser Familie. Anstatt sich, wie von ihm erwartet, in die feine französische Gesellschaft einzufügen, reiste er nach Nordafrika, um mit dem Nomadenstamm der Tuareg zu leben. Als er genug von Sonne und Sand hatte, schenkten ihm die Tuareg ein Kamel zum Abschied. Georges schwang sich zwischen die Höcker und machte sich auf den Weg nach Hause. Unterwegs beschloss er, Schmuckdesigner zu werden, und fing an, Ketten, Armreife und Ohrringe zu basteln. Als fliegender Händler mit großen Werbeschildern an seinem Kamel zog er weiter. Seine Kreationen verkaufte er in den Kneipen am Wegesrand und wurde so nebenbei zum Gastronomiekenner. Ihm fiel auf, dass die besten Etablissements eines gemeinsam hatten: Sie hießen alle ›Le Pirate‹. Daran sollte er sich später erinnern. In Spanien tauschte Georges sein Wüstenschiff gegen ein stolzes Pferd. Hoch zu Ross ritt er Wochen später in Paris ein und ›parkte‹ das Tier in der Garage seiner Mutter. Der Sohn war zurück, die Freude groß – aber die Stadt und die Erwartungen seiner Familie hatten sich nicht verändert. Georges wollte schnell wieder weg. Von einem Freund wusste er, dass es sich in Bayern herrlich leben lässt, besonders in Rosenheim. Der Franzose fand, dass diese Stadt einen Versuch wert war. Adieu

Unter dieser Flagge spielen internationale und lokale Musiker

Paris! Er zog los – und landete schon bald auf einer Baustelle, wo eine junge Frau dabei war, ihre Zukunft vorzubereiten.

Petra Rose hatte 1973 gerade das ›Ringstüberl‹ übernommen, eine bayrische Wirtschaft mit Pension und entsprechendem Ambiente. Den alten Betrieb wollte sie in eine moderne Musikkneipe verwandeln. Es gab viel zu tun und zum Glück einen tatkräftigen Franzosen, der mithelfen wollte. Ihm gefielen die künftige Wirtin und ihre Geschäftsidee. Er packte an, baute um und auf. Seine lange Reise von Paris nach Nordafrika, wieder zurück und dann weiter nach Bayern, hatte also in Rosenheim ein Ende genommen. Zumindest vorerst. Georges fehlte nur noch ein symbolischer Schlussakkord, gewissermaßen eine Ehrung seiner abenteuerlichen Tour. Er dachte an durchfeierte Nächte, spannende Begegnungen und großartige Musik – zwangsläufig dachte er an die Kneipen namens ›Le Pirate‹. Das war's! Genau so und nicht anders sollte die neue Kneipe seiner Meinung nach heißen. Petra Rose hatte nichts dagegen einzuwenden und Georges ließ sich beim Taufgeschenk nicht lumpen: Er besorgte sich die Motorhaube eines Mercedes und bearbeitete sie so lange, bis sich das Blech in eine schwarze Piratenmaske verwandelt hatte. Sein

Petra Rose vom legendären Livemusik-Lokal ›Le Pirate‹

Werk hängte er dort auf, wo es jeder sehen konnte, gleich neben der Bühne. Voilà!

Georges erlebte die ersten Konzerte mit, bevor er aus Rosenheim verschwand. Zur Abwechslung hatte er Heim- statt Fernweh. Zurück in Paris ehelichte er eine Comtesse, was seiner Familie gefallen haben dürfte. Als es ihm langweilig wurde, begann er, für den bekannten spanisch-französischen Designer Paco Rabanne Schmuck zu entwerfen, und zog wieder hinaus in die Welt. Währenddessen machte das ›Le Pirate‹ seinem Namen alle Ehre und segelte mutig am Gleichklang des musikalischen Mainstreams vorbei. Noch heute hält es die Fahne hoch für Livemusik vom Feinsten. Kein Wunder, dass die Piratenaufkleber von Rose immer so schnell vergriffen sind. Trotzdem: »Heute wäre mir der Name zu männlich«, sagt die Piratenkapitänin.

Vom Geheimtipp zur Institution: das ›Le Pirate‹

Im ›Le Pirate‹ wird jeden Mittwoch und Sonntag live gespielt. Die kleine Bühne mit dem Piano ist bereits Monate im Voraus ausgebucht. »Es tut mir um jeden leid, den ich ablehnen muss«, sagt Rose. Und sie muss viele ablehnen. Gäste wie Musiker schätzen die intime Atmosphäre des kleinen Lokals mit den Bistrotischen und den dunklen Holztönen. Der zurückgesetzte Eingang und die Lage im ersten Stock vermitteln noch immer das Gefühl des Geheimtipps, der ›Le Pirate‹ am Anfang gewesen ist. »In den 70er-Jahren war so eine Kneipe noch etwas Spannendes, absolut Neues«, erzählt Rose, die bei der Gründung »weder Ahnung von der Gastronomie noch von Jazz hatte«.

Rose war kaum 20 Jahre alt, frisch verheiratet, hatte ein kleines Kind und stand auf die Rolling Stones. Vielleicht würde sie immer noch Mick Jagger hören und ihrem Publikum präsentieren, wäre der Rosenheimer Apotheker Gerhard Francesconi nicht auf sie zugekommen. Schon damals war er ein großer Jazzfan gewesen, Stammgast im Münchner ›Domizil‹ und gerne dort, aber noch lieber hätte er die gleiche Musik in seiner Stadt genossen. Das ›Le Pirate‹ schien ihm der ideale Ort für Livekonzerte. Die Wirtin konnte er mit seinen guten Kontakten zu den Musikern überzeugen, die er schon bald nach Rosenheim holte. »Da kamen echte Berühmtheiten wie Jimmy Woode«, erinnert sich Rose. »Die jungen Musiker heute sind immer ganz beeindruckt, wenn sie die Fotos über dem Klavier sehen. Dabei sind die Bilder nur ein kleiner Ausschnitt, weil natürlich nicht alle Platz haben.« Inzwischen hört sie auch am liebsten die Musik ihrer Gäste und legt allerhöchstens aus sentimentalen Gründen eine Stones-Platte oder alte Schlager auf.

Die legendäre Piratenmaske

Sie steht hinter der Theke und füllt Gläser mit erlesenen Weinen und edlem Single-Malt-Whisky, zu erstaunlich günstigen Preisen. »Meine Gäste sollen sich wohlfühlen und anständig bedient werden«, sagt Rose. Sie danken es ihr mit Treue, manche schon seit 40 Jahren. Den Altersdurchschnitt senken junge Rosenheimer, Schüler, Studenten und Azubis. Das ›Le Pirate‹ hat eine große, bunt gemischte Fangemeinde und wer am Tresen sitzt, spricht mit der Wirtin. Oft werden der warmherzigen Frau persönliche Sorgen anvertraut. »Man sagt nicht umsonst, dass sich Menschen in der Gastronomie und beim Friseur öffnen«, erzählt sie und behält den Rest für sich. Diskretion ist Ehrensache. Nur eines verrät sie: »Meine Mutter hat früher immer gesagt: ›Unter jedem Dach ein Ach‹. Und es stimmt.« Eigentlich habe sie vor langer Zeit den Traum gehabt, Kindergärtnerin zu werden, und in gewisser Weise sei sie das nun auch, meint sie schmunzelnd.

Den Wein und den Whisky bezahlen übrigens jetzt, wie schon vor vier Jahrzehnten, meist die Männer, vorausgesetzt sie sind noch

Petra Rose vom legendären Livemusik-Lokal ›Le Pirate‹

in der Phase des Hofierens. »Bei etablierten Paaren bezahlt der, der auch sonst für die Kasse zuständig ist«, erklärt die Wirtin lachend. Zechprellerei oder Probleme mit betrunkenen Gästen gebe es kaum. »Das Trinkverhalten hat sich sehr geändert. Die Leute achten darauf, nüchtern zu bleiben, wenn sie fahren müssen«, resümiert Rose. Und die Musiker, werden sie dem kultivierten Image der Jazzszene gerecht?

»In all den Jahren haben sich vielleicht zwei oder drei danebenbenommen, alle anderen waren nett und höflich, selbst wenn sie gekifft und gesoffen haben, was bei den alten Jazzmusikern noch dazugehörte.« Schwierigkeiten mache dem ›Le Pirate‹ nur der Sommer. »Dann wollen alle ins Freie und die Pacht läuft trotzdem weiter.« Doch spätestens wenn einheimische Musiker wie Florian Opahle auf der Bühne stehen, ist die Kneipe wieder bis auf die Fensterbretter voll besetzt.

Trotz des ausgebuchten Konzertkalenders und Anfragen aus aller Welt gibt Rose ihre Bühne oft für Rosenheimer Musiker frei. »Das ist schließlich ihre Stadt und ihre Kneipe«, sagt die Chefin. Auch die Mitglieder des mittlerweile überregional bekannten Akustikquartetts ›Quadro Nuevo‹ betrachten das ›Le Pirate‹ als ihr Kinderzimmer. Seine Bühne war ihr Ausgangspunkt. Noch heute spielen sie neue Stücke immer zuerst bei Petra Rose. »Unsere erste Goldene Schallplatte hängt bei dir«, versprachen sie ihrer engagierten Gastgeberin und Freundin. Dafür wird sie einen Platz finden, vielleicht zwischen Bühne und Piratenmaske. Georges würde es gefallen.

LE PIRATE
LUDWIGSPLATZ 5
1. STOCK
83022 ROSENHEIM
WWW.LEPIRATE-ROSENHEIM.DE

Ein Problem, groß wie ein Dinosaurier
Dr. Peter Miesbeck vom Ausstellungszentrum ›Lokschuppen‹

Er hat sie alle nach Rosenheim geholt: die Zaren, die Römer und die Indianer. Selbst die Dinosaurier standen auf seiner Gästeliste. Inzwischen ist bekannt: Wenn Dr. Peter Miesbeck einlädt, lohnt es sich zu kommen. Seit seinem Einstieg 1995 anlässlich der Landesausstellung ›Salz macht Geschichte‹ etablierte er mit seinem Team den alten Rosenheimer ›Lokschuppen‹ stetig als Synonym für erstklassige Ausstellungen. Heute organisiert er mit seinen Mitarbeitern Zeit- und Abenteuerreisen in die Welt des Wissens. Typisch Museum? Eben nicht, denn im ›Lokschuppen‹ werden neue Wege zu alten Themen erschlossen. 2013 führten sie zu Alexander dem Großen, dem Superstar der Antike.

Erika Thimel: Herr Dr. Miesbeck, Sie gehören zu den erfolgreichsten Ausstellungsmachern im deutschsprachigen Raum. Gibt es eine Parallele zwischen Ihnen und Alexander dem Großen?
Dr. Peter Miesbeck: Im Gegensatz zu ihm bin ich kein Trunkenbold, kein Muttersöhnchen und nicht gewalttätig. *(lacht)* Auch die Vielweiberei liegt mir fern, aber wie er folge ich einer Vision: den ›Lokschuppen‹ noch professioneller und bekannter zu machen. Wir haben inzwischen Besucherzahlen wie München, Hamburg und Berlin, obwohl wir als Außenseiter gestartet sind.
Wie wählen Sie Ihre Themen aus?
Indem wir unser Publikum in die Entscheidung mit einbeziehen. Wir stellen Ideen zur Auswahl und fragen, wofür sich unsere Besucher am meisten interessieren. Vorher müssen wir natürlich klären, was wir überhaupt möglich machen können. Wir brauchen Kooperationspartner wie aktuell die Archäologische Staatssammlung in München.
Was lässt sich über alte Themen wie Alexander Neues erzählen?
Wir suchen bei jeder Ausstellung einen besonderen Ansatz. Bei Alexander war es der biografisch-menschliche, der seine schillernde Persönlichkeit in den Mittelpunkt rückt. Über diesen Zugang lässt sich das Thema für alle öffnen und Geschichte schafft den Zeitsprung.
Sie zeigen eine Ausstellung pro Jahr. Wie lange im Voraus planen Sie?

Helme wie Schlumpfmützen: Alexanders Krieger vor dem ›Lokschuppen‹

Ungefähr zwei bis drei Jahre. Zu gegebener Zeit kommt hoffentlich wieder Tibet. Das wäre mein persönlicher Wunsch.

Ein Bestseller war die Dinosaurierausstellung ›Giganten Argentiniens‹ im Jahr 2009. Sie konnten über 280.000 Besucher verbuchen. Worauf führen Sie das zurück?

Das lag sicher auch daran, dass es ein Familienthema war. Dabei wären die Dinosaurier fast nicht bei uns angekommen …

Es war ein Wirtschaftskrimi, dem die Rosenheimer beinahe zum Opfer gefallen wären. Dr. Miesbeck wartete im ›Lokschuppen‹ auf die Urviecher aus Argentinien. Sie sollten erstmals in Europa gezeigt werden – eine Sensation, die der Leiter der Ausstellung mit seinem Team zwei Jahre lang vorbereitet hatte. Bald sollte es so weit sein. Die Giganten waren bereits auf dem Schiff unterwegs nach Hamburg, doch während die Überfahrt ruhig verlief, schlugen in Argentinien die Wellen hoch. Der südamerikanische Staat war bankrott und deutsche Gläubiger wollten ihre Ansprüche geltend machen. Die wertvollen Dinosaurier kamen ihnen da sehr gelegen. Sobald sie Hamburg erreichten, sollten die Urtiere gepfändet werden. Keine gute Idee, fanden die Argentinier und drohten Dr. Miesbeck, sofort auf dem Wasser kehrtzumachen. Der stand nun in Rosenheim vor einem Problem, das so groß war wie ein Tyrannosaurus: Er brauchte die Container in Deutschland und die Argentinier brauchten eine rechtsverbindliche Rückgabebestätigung. Der Retter war das Land Bayern, das dem ›Lokschuppen‹-Chef kurzerhand das notwendige Dokument ausstellte. In der Zwischenzeit

Dr. Peter Miesbeck vom Ausstellungszentrum ›Lokschuppen‹

ließ Dr. Miesbeck die Container im Hamburger Freihafen zwischenparken, somit waren sie offiziell nicht im Lande und damit geschützt. Ende gut, alles gut: Die Dinos landeten wohlbehalten in Rosenheim.
»Die größte Herausforderung ist jedes Mal aufs Neue der Terminplan«, erklärt Dr. Miesbeck. »Kommt alles pünktlich – und vor allem: Kommt es überhaupt? Bei der Maya-Ausstellung 2007 sind in letzter Minute sieben Objekte nicht aus Guatemala geliefert worden, deren Vitrinen schon bereitstanden. Wir mussten improvisieren und zum Glück ist es keinem aufgefallen.«

Was ging bei Alexander dem Großen schief?
Es lief alles glatt, aber dafür hatte sich die Alternative schon in der Planungsphase erübrigt. Wir hatten das sagenhafte Reitervolk der Skythen in der Diskussion, aber während der Leihverhandlungen wechselte in der russischen Provinz die Regierung, und alles, was bis dahin besprochen worden war, war hinfällig.

Haben Sie von einem Job wie diesem geträumt oder wollten Sie ursprünglich in eine völlig andere Richtung?
Ich habe Deutsch, Geschichte und Geografie auf Lehramt für das Gymnasium studiert. Anschließend arbeitete ich für das Kulturamt der Stadt Rosenheim und schrieb meine Doktorarbeit über das Bürgertum und den Nationalsozialismus in Rosenheim.

Sie sind also doch bei Geschichte und deren Vermittlung gelandet.
Na ja, inzwischen interessiert mich die Naturgeschichte stärker. Vielleicht weil es da mehr um Tatsachen als um ihre Auslegung geht. Abgesehen davon ist es angenehmer mit Naturwissenschaftlern zu arbeiten, weil sie erfahrungsgemäß die Sache in den Vordergrund stellen. Ich erlebe sie als gradlinig und ohne ausgeprägtes Konkurrenzdenken. Bei Kunsthistorikern drängt sich manchmal das Ego vor, was Teamarbeit kompliziert macht.

Dr. Miesbeck sitzt im Café vor dem ›Lokschuppen‹ und dreht sich eine Zigarette. Seinen sonnigen Platz hat er einem Planungsfehler zu verdanken: 1851 vereinbarten Bayern und Österreich die Bahnstreckenführung von München über Rosenheim nach Salzburg und Innsbruck. Der ›Lokschuppen‹ gehörte zur ersten Bahnhofsanlage, das gegenüberliegende Rathaus war das Bahnhofsgebäude. 1860 fuhr erstmals ein Zug auf der Strecke Rosenheim – Salzburg Probe, doch bereits zwölf Jahre später wurde die Verlegung beantragt und vier Jahre darauf der neue Bahnhof am heutigen Standort eröffnet. Den ›Lokschuppen‹ degradierte man zur städtischen Lagerhalle. Erst mit der Landesausstellung ›Die Bajuwaren‹ 1988 erwachte er offiziell aus seinem Dornröschenschlaf. Da war er schon stadtfein und ausgezeichnet: Mit den Plänen für seinen Umbau und die Sanierung gewann Prof. Joseph Karg zwei Jahre zuvor den Preis des Bundes Deutscher Architekten. Heute gehört der ›Lokschuppen‹ zur Veranstaltungs- und Kongress GmbH Rosenheim – und zahlt sich aus.

»Kultur und Finanzen sind immer eine heikle Verbindung«, berichtet Dr. Miesbeck. »Eine Ausstellung wie über Alexander den Großen kostet rund 2,3 Millionen Euro. Eine Riesensumme, aber jeden Euro, den wir investieren, bekommt die Stadt bis zu zehnfach zurück. Man muss sich vor Augen halten: 90 Prozent unserer Besucher kommen von außerhalb, davon profitiert die Rosenheimer Gastronomie und der Einzelhandel. Wir sind ein wichtiges Tagesausflugsziel und tragen dazu bei, dass sich die Stadt prächtig entwickelt.«

Wie stehen die Rosenheimer selbst zum ›Lokschuppen‹?
Wir bekommen viel positives Feedback und die Zahlen sprechen für sich: Unsere Ausstellungen erreichen jeden vierten Bürger. Davon können andere Städte nur träumen. Der Freundeskreis Lokschuppen e. V. gehört zu Rosenheims stärksten Vereinen. Kultur wird hier geschätzt und trifft auf ein offenes Klima.

Dr. Peter Miesbeck vom Ausstellungszentrum ›Lokschuppen‹

Keine Spur von berühmten ›Mia san mia‹?
Ich erlebe die Stadt als sehr wandlungsfähig und wandlungswillig, was auch am Zuzug liegt. Ehrlich gesagt, kann ich mir in Bayern nur schwer einen lebenswerteren Ort vorstellen.
Dafür haben Sie sicher einen ganz persönlichen Grund.
Ja! Den Jazz und das ›Le Pirate‹!

Dr. Miesbeck spielt Schlagzeug in der Band ›Old Stack O'Lee‹, benannt nach einem Wildwest-Banditen. Mit ihrem Dixieland- und Jazzrepertoire treten die Musiker hin und wieder im ›Le Pirate‹ von Petra Rose auf. Die Musikkneipe am Ludwigsplatz ist Dr. Miesbecks unangefochtener Lieblingsort in Rosenheim.

Die meisten verbinden mit Bayern eher Blasmusik als Jazz.
Unsere Region hat eine reichhaltige Jazzszene, was gewissermaßen logisch ist, weil Musik zur bayrischen Seele gehört. Der Menschenschlag hier verbirgt eine große Empfindsamkeit unter der manchmal rauen Schale. Bei aller Härte und Armut, die das Land früher geprägt haben, war immer ein Wille zur Ästhetik spürbar. Das hört man in der Musik und sieht man in der Architektur. Das beste Beispiel dafür sind alte oberbayrische Bauernhäuser – und natürlich auch unser ›Lokschuppen‹. *(lacht)*

Der ›Lokschuppen‹ könnte buchstäblich nicht besser dastehen?
Das stimmt nicht ganz, denn leider ist unsere Konkurrenz bei gutem Wetter kaum zu schlagen: die Biergärten, die Seen und die Berge. Dagegen kommt selbst ein Superstar wie Alexander der Große nur schwer an.

AUSSTELLUNGSZENTRUM LOKSCHUPPEN
RATHAUSSTRASSE 24
83022 ROSENHEIM
WWW.LOKSCHUPPEN.DE

Hier wurde meine Sehnsucht erweckt
Günther Maria Halmer träumte im alten ›Capitol-Kino‹

Er ist einer der bekanntesten deutschen Schauspieler – und das hat viel mit Rosenheim zu tun. Im alten ›Capitol-Kino‹ in der Prinzregentenstraße entdeckte Günther Maria Halmer seine Passion. »Das ›Capitol‹ war mein Lieblingsplatz. Hier habe ich als Jugendlicher all die Filme gesehen, die in mir die Sehnsucht erweckt haben, Schauspieler zu werden«, erzählt der in Rosenheim 1943 geborene und aufgewachsene Halmer.

Aus der Sehnsucht entwickelte sich eine große Karriere, die mit den ›Münchner Geschichten‹ von Helmut Dietl 1972 rasant startete. Seitdem ist Halmer für Theater-, Film- und Fernsehproduktionen unterwegs. Inzwischen lebt er mit seiner Frau Claudia in München, aber die Verbindung zu seiner Geburtsstadt ist nie abgerissen. Halmer pflegt sie regelmäßig auf dem Herbstfest. »Es ist für mich ein ›Muss‹. Seit Jahrzehnten freue ich mich immer wieder auf diesen Termin im September und versuche, dabei zu sein.«

Nur das ›Capitol‹ kann er nicht mehr genießen. Das Kino, in dem viele Rosenheimer ihren ersten Film gesehen haben, wurde 2001 geschlossen und mittlerweile abgerissen. Der Betreiber konnte dem Konkurrenzdruck der Multiplex-Anlage ›Citydome‹ nichts mehr entgegensetzen. Mit Grablichtern trauerten Kinofreunde um ihr ›Capitol‹ und die große cineastische Vergangenheit ihrer Heimat, denn – wie der Verein Kinokultur Rosenheim zu berichten weiß – Rosenheim galt 1951 als ›kinofreudigste Stadt Westdeutschlands‹.

Was macht der berühmteste Fan des ›Capitols‹, wenn er in seiner Geburtsstadt ist und nicht auf dem Herbstfest feiert? »Ich schlendere am liebsten durch die hübsche Innenstadt und denke an meine Jugend zurück.«

EHEMALIGES CAPITOL-KINO
PRINZREGENTENSTRASSE 15
83022 ROSENHEIM

Die Leute hielten sie für verrückt
Sabine und Jürgen Baur genießen im Café ›Aran‹

Ein Espresso braucht mindestens 24 Sekunden. Diese Zeitspanne entscheidet zwischen bitter und perfekt. Jeder gute Barista weiß das und im Café ›Aran‹ am Max-Josefs-Platz 16 arbeiten die Besten ihres Fachs. Die Berufsbezeichnung ›Barista‹ stammt aus dem Italienischen und beschreibt jene, die sich auf die große Kunst verstehen, kleine Tassen mit Genuss zu füllen. Kaffee ist die Leidenschaft von Jürgen Baur, deshalb eröffnete er 1999 gemeinsam mit seiner Frau Sabine das erste ›Aran‹-Kaffeehaus im Herzen Rosenheims, nachdem ihn sein Beruf hierher nach Bayern geführt hatte. Es war eine echte Mutprobe.

Erika Thimel: Herr Baur, Sie hatten gerade Ihren Managerjob in der Modebranche verloren, eine Familie mit drei kleinen Kindern zu ernähren und keine Gastronomieerfahrung. Wieso haben Sie ausgerechnet auf Kaffee gesetzt?

Jürgen Baur: Da kam vieles zusammen: ein starker Drang zur Selbstständigkeit und zur eigenen Marke, meine Wurzeln als Urenkel des schwäbischen Lebensmittelhändlers Gustav Schöffler und meine Angst vor Wirtschaftskrisen. Kaffee in Verbindung mit Brot schien mir sicher, weil die Produkte saisonunabhängig sind und mir klar war, dass der kleine Genuss zuletzt stirbt – und zuerst wieder erwacht.

Sabine Baur: Das Konzept hatten wir bereits fertig, es war eine Sammlung aus eigenen Ideen, Wünschen und schönen persönlichen Erlebnissen. So kam eins zum anderen und wir zu dem Namen: ›Aran‹ ist das gälische Wort für Brot.

Jürgen Baur: Insgesamt war es ein Entwicklungsprozess wie der eines Sauerteigs, aber durch meine unerwartete Kündigung ist er schneller aufgegangen als gedacht. *(lacht)* Die Leute hielten uns für verrückt und meinten, unser Konzept hätte in dieser Stadt keine Chance, aber die Rosenheimer sind eben Genießer.

Langsam fließt die Essenz handverlesener Kaffeebohnen in eine Porzellantasse und das Aroma eines freundlichen Morgens zieht in den

Raum. Es tanzt ein paar Takte mit der Butternote frischer Croissants und mischt sich dann in den Atem kräftiger Sauerteigbrote. Der Espresso ist fertig und wird mit einem frischen Lächeln serviert! Der Chef trinkt ihn am liebsten pur, um jede noch so feine Nuance des Getränks auszukosten. Insgesamt dreimal haben Sabine und Jürgen Baur den Röster gewechselt, bis sie bei Bernd Braune gelandet sind.

Einblick: Im ›Aran‹ wird auf jedes Detail geachtet

Der Quereinsteiger hat in Unterhaching die kleine, feine Rösterei ›Supremo‹ gegründet und veredelt dort Kaffeebohnen, von denen er genau weiß, woher sie kommen: Er kennt seine Lieferanten persönlich. Regelmäßig fliegt er zu den Ernten nach Mittelamerika und prüft, was das Wetter und der Boden hervorgebracht haben.

Für den perfekten Kaffee wird heute keine Mühe gescheut, gleichzeitig trinken die Menschen ihren Cappuccino aus Plastikbechern im Gehen. Wie passt das mit Genuss und ökologischer Verantwortung zusammen?
Sabine Baur: Wir haben bewusst einen Ort geschaffen, an dem man sich wohlfühlt, deshalb ist ›to go‹ für uns kein großes Thema.
Jürgen Baur: Der Umsatzanteil dieses Segments stagniert bei 10 Prozent, und für die Büros und Läden in unserer Nähe haben wir Porzellanbecher entwickelt, die uns immer wieder zum Auffüllen gebracht werden. Dafür gibt es den Kaffee 50 Cent billiger, aber wer Zeit hat, bleibt trotzdem lieber bei uns.

Sabine und Jürgen Baur genießen im Café ›Aran‹

Sabine Baur: Es geht eben um mehr als nur Kaffee: Schon bei den Beduinen haben sich die Männer hingesetzt, Mokka getrunken und Geschichten erzählt. Heute machen es die Frauen. *(lacht)*

Das Ehepaar Baur besucht fast täglich ihr Kaffeehaus am Max-Josefs-Platz, um zu genießen, Freunde zu treffen und um ihre Kinder zu sehen. Tochter Lara führt inzwischen das Café im Herzen Rosenheims und Sohn Jonathan macht eine Ausbildung bei seiner großen Schwester, während sich Tochter Catharina im Büro als Assistentin ihrer Eltern um die Expansion und Pressearbeit kümmert.

Sabine Baur: Es war überhaupt nicht geplant, dass das ›Aran‹ sich zum Familienunternehmen entwickelt, trotzdem hat sich das über die Jahre wie von selbst ergeben.

Jürgen Baur: Lara war die Erste, die sagte, sie will bei uns lernen. Wir hätten nie gedacht, dass sie einmal den Laden führt, weil sie sich früher immer schüchtern hinter der Spüle versteckt hat. Jetzt, wo alle in der Firma sind, müssen wir uns manchmal vornehmen, nicht über das Geschäft zu reden. *(lacht)* Heute Morgen habe ich mit meinen Kindern den Laden aufgesperrt und Croissants gebacken. Ein herrliches Erlebnis!

Im ›Aran‹ lässt sich das Glück finden, das kleine und das große. Es ist noch gar nicht so lange her, dass ein Mann vorbeikam, um einen Kaffee zu trinken, und dabei der Liebe seines Lebens begegnet ist. Inzwischen sind die beiden verheiratet und bringen an ihren Jahrestagen Blumen in ›ihr‹ Café.

Zwischen 600 und 900 Gäste besuchen täglich das Stammhaus. Einer davon steht nun, um die Mittagszeit, am Tresen und kann sich nicht entscheiden: In welcher Variante soll er seinen täglichen Koffeinbedarf decken und welche Bohnenmischung soll er wählen? Der Wartende hinter dem Unschlüssigen verdreht genervt die Augen, nur der Barista bleibt freundlich und hilft mit einer persönlichen Empfehlung weiter.

Zum puren Genuss wählt der Gast ein einfaches Butterbrot. Das Geschäftsmodell von ›Aran‹ lautet schließlich ›Brotgenuss und Kaffeekult‹. Fünf verschiedene Sorten Sauerteigbrot stehen im Regal. Sie werden in einem Holzofen im Rosenheimer Umland gebacken. Was heute eine Selbstverständlichkeit ist, war bei der Firmengründung eine große Hürde. Die Handwerkskunst, einen Sauerteig nach dem Urprinzip in drei Stufen zu backen, war in der Region ausgestorben, deshalb musste entweder Sabine oder Jürgen Baur jeden Morgen um 5.30 Uhr bei Wind und Wetter nach München fahren, um dort Brot aus einer Klosterbäckerei abzuholen. Es war eine tägliche Zitterpartie: Das Auto durfte nicht versagen, kein Stau im Weg stehen und kein Glatteis den Zeitplan zum Schlittern bringen. Irgendwann rief Frau Baur von unterwegs weinend ihren Mann an. Der Fahrstress wurde zu viel. Sie mussten etwas ändern, nur aufgeben war keine Option.

Jürgen Baur: Aus Steinen, die einem in den Weg gelegt werden, kann man auch etwas Schönes bauen. Das ist unsere Grundeinstellung. Wir haben immer nach Lösungen gesucht. Letztendlich haben wir einen Bäcker gefunden, der bei ›Hermannsdorfer‹ gelernt und sich auf dem Land selbstständig gemacht hat. Seitdem arbeiten wir mit ›Martins Holzofenbäckerei‹ zusammen.
Sabine Baur: Trotzdem waren die ersten Jahre knackig, aber unsere Gäste haben uns durchgetragen. Die sind so herzlich und offen. Das setzt Kräfte frei – und das wollen wir zurückgeben.
Ihre drei Kinder waren in den Anfangsjahren noch klein. Wie haben Sie es geschafft, Arbeit und Familie zu vereinen?
Sabine Baur: Wir haben uns aufgeteilt. Ich bin mittags nach Hause zu den Kindern und abends noch einmal rein in den Laden. Um diese Zeit haben wir geputzt und geschaut, dass alles perfekt ist. Oft sind wir erst nach Mitternacht heimgefahren, aber wir waren jung und haben das gerne gemacht.

Aus der Mutprobe, den Nachtschichten, der Suche nach der besten Rösterei und dem Glück mit dem Meisterbäcker ist schließlich ein

Sabine und Jürgen Baur genießen im Café ›Aran‹

erfolgreiches Franchise-Unternehmen geworden. Die Familie Baur führt das ›Aran‹-Stammhaus und das Haus im Färberviertel selbst, Läden unter anderem in München, Landshut, Amerang und Passau werden unter Lizenz geführt, insgesamt hat das Ehepaar 26 Genussplätze eröffnet.

Jürgen Baur: Die Vervielfältigung ist eine große Herausforderung, weil sich im Premiumbereich keine Standards betonieren lassen, gleichzeitig kommt es uns auf Details an, wie zum Beispiel frisches Wasser in den Vasen. Wir legen deshalb Wert auf Lizenznehmer, die von Natur aus gastfreundlich sind und ein Gefühl für Feinheiten haben.

Apropos, die Chefin schaut auf die Uhr. Sie wartet auf Rosen. Ihr ist es wichtig, dass jeden Tag frische Blumen auf den Tischen stehen. Während sie sich geduldet, trinkt sie einen ›Kaffeekuss‹, eine kleine Latte mit einem ausgewogenen Verhältnis von Bohnen und Milch. Ihr Mann hat das Getränk eigens für sie kreiert. Nachdem sie ihre ersten 30 Lebensjahre überhaupt keinen Kaffee getrunken hatte, brachte sie ihr Ehemann mit damals noch selbst gerösteten Maragogype-Bohnen auf den Geschmack. Seine erste Bohnenmischung ›Aran Nummer 1‹ ist bis heute ihr Favorit.

Endlich, die Englischen Rosen kommen. Ist es Zufall, dass gerade in diesem Moment die Musik wechselt? Sie gehört in den Wirkungsbereich des Barista. Er wählt sie passend zu Tageszeit, Wetter und Stimmung der Gäste. Ein perfekter Espresso braucht in Wahrheit viel mehr als 24 Sekunden: Er braucht Liebe, Leidenschaft und ein Lebensgefühl.

ARAN BROTGENUSS & KAFFEEKULT
MAX-JOSEFS-PLATZ 16
83022 ROSENHEIM
WWW.ARAN.COOP

Monaco, das bin ich einfach nicht
Martin Tomczyk hält an der Kalscheuer Wirtschaftsschule

Er ist es gewohnt, oben zu stehen, auf Siegerpodesten in aller Welt. Nur einmal ging der DTM-Champion Martin Tomczyk in die Knie: als er Christina Surer 2012 fragte, ob sie ihn heiraten wolle. Sie kannte die Frage. Er hatte sie drei Jahre zuvor schon einmal gestellt. Seitdem trug sie seinen Ring am Finger. Tomczyk hatte monatelang nach dem Diamanten gesucht, bis er die perfekten 1,8 Karat gefunden hatte. Zur Hochzeit kam es bislang trotzdem nicht. Langsam wurde er ungeduldig. Jetzt wollte er endlich ins Ziel. Er ging in die Knie ... Und was antwortete seine große Liebe?

Martin Tomczyk kommt nicht dazu, den Rest der Geschichte zu erzählen. Drei junge Frauen unterbrechen ihn. Sie haben ihn sofort erkannt und wollen unbedingt ein Foto mit dem Rennfahrer. Allerdings wundern sie sich, was er hier in der Königstraße macht, wo Autos doch meistens nur langsam unterwegs sind. Tomczyk nimmt sich Zeit für seine Fans und erklärt, dass er einen kleinen Ausflug in die Vergangenheit unternimmt. Dabei deutet er auf die andere Straßenseite zur historischen Knabenschule. Auf ihrem Dach thront die Büste König Ludwigs II., darunter symbolisieren vier Statuen Religion, Handel, Gewerbe und Industrie. Als hätte der Architekt 1867 geahnt, dass über ein Jahrhundert später aus der Knabenschule eine private Wirtschaftsschule werden würde.

Hier hat Tomczyk seinen Geschäftssinn ausgebildet, um dann doch lieber Gas zu geben, erst mit Audi, dann im Team von BMW. Den kaufmännischen Teil hat er seinem großen Bruder Tobias überlassen, der sein Manager ist. Als Kinder standen sie noch gemeinsam am Start: jedes Wochenende auf der Kartbahn. Ihr Vater, der Motorsportfunktionär Hermann Tomczyk, hat ihnen seine Leidenschaft für Geschwindigkeit vererbt, aber irgendwann fuhr der kleine Bruder dem großen davon. »Ich war einfach schneller als er«, erzählt der Rennfahrer lachend. »Heute ergänzen wir uns wie zwei Zahnräder und vertrauen uns blind«, beschreibt er die Beziehung und sich selbst als ›Familienmensch‹. Deshalb war es auch an der Zeit, eine eigene zu gründen: Christina Surer war die Frau, mit der er Kinder haben wollte, bevorzugt im klassischen Rahmen. Verliebt. Verlobt. Verheiratet. Mit dem Antrag hatte er sich in die Poleposition gebracht, aber am Ziel war er noch lange nicht.

Tomczyk hatte Surer neben der Rennstrecke kennengelernt. Die Schweizerin fährt selber Rennen, moderiert und modelt. In ihrer Heimat ist sie ein Star und auch die Deutschen kennen sie, spätestens seit sie gegen Stefan Raab bei der Wok-Weltmeisterschaft antrat und durch den Eiskanal sauste. Sie steuert ihre Karriere hochtourig in der Männerdomäne des Rennsports. Zum Heiraten blieb keine Zeit – und auch Tomczyks Terminkalender war nach dem DTM-Champion-Titel 2011 zum Platzen gefüllt.

Der Profifahrer hat sich schon als Jugendlicher daran gewöhnt, für seinen Sport auf vieles zu verzichten. »Wenn man ab dem zehnten Lebensjahr jedes Wochenende auf der Kartbahn antritt, ist Disziplin gefragt. Wilde Partys sind da nicht drin.« Mit 18 Jahren stieg er ins DTM-Profigeschäft ein. Die drei Buchstaben standen einst für ›Deutsche Tourenwagen-Meisterschaft‹ und bilden heute das Markenzeichen der populärsten internationalen Tourenwagenserie. Ihre Geschichte begann 1984 mit seriennahen Wagen und entwickelte sich zu einem Hightech-Wettkampf. Seit 2000 konzentrieren sich die Macher wieder aufs Wesentliche: ›faszinierende Technik zu vertretbaren Kosten‹. Die DTM gilt als Königsklasse der Tourenwagen und ist eines der größten Sportevents Europas. Ungefährlich ist sie nicht. Tomczyks Mutter zittert seit Jahren bei jedem Rennen.

Hier drückte ein Champion die Schulbank

»Natürlich gibt es ein Risiko, aber aus meiner Sicht ist die Gefahr kalkulierbar. Außerdem sind ja nur Vollprofis am Start.« Die echten Gefahren lauern ohnehin nicht auf dem Asphalt, sondern in romantischen Sommernächten, wenn Männer auf die Knie gehen, um die Frage aller Fragen zu stellen. Im Sommer 2012 antwortete Christina Surer: »Ja!«.

Sie war schwanger. Nun wollten sie keine weiteren drei Jahre mehr warten, sondern sich an der Ziellinie ihres Babys orientieren. Es hatte sich für Februar 2013 angekündigt. Im Januar sollte geheiratet werden. Aber wo? Und wo wollten sie danach leben? Noch hatten beide ihren Wohnsitz in der Schweiz. »Wir haben an die Option Monaco gedacht, aber das bin ich einfach nicht. Ich bin Rosenheimer und Christina hat sich sofort hier wohlgefühlt. Im Endeffekt haben wir uns gemeinsam aus vollem Herzen für die Stadt entschieden.«

Guter Entschluss, fanden ihre Hochzeitsgäste aus aller Welt. »Die waren von Rosenheim begeistert«, erzählt Tomczyk. Aber im entscheidenden Moment hatten alle nur noch Augen für die Braut. Ein Gospelchor sang ›Amazing Grace‹ als Christina Surer den Saal des Rosenheimer Rathauses betrat. Der Bräutigam war ergriffen – und die Braut sagte wieder: »Ja!«

»Es war der schönste Tag meines Lebens«, fasst Tomczyk die Trauung und das Fest zusammen. Einen Monat später kam seine kleine Tochter auf die Welt. Spätestens, wenn die kleine Emily Grace zu krabbeln beginnt, wird Tomczyk wieder in die Knie gehen.

PRIVATSCHULEN DR. KALSCHEUER GMBH
KÖNIGSTRASSE 1
83022 ROSENHEIM
WWW.TOMCZYK.COM

Die Wahrheit über den ›Wiesn-Igel‹

Hendrik Heuser im Einsatz auf der Loretowiese

Der berühmteste Igel der Welt heißt Ignaz und lebt in Rosenheim. Er ist stattlicher als seine Artgenossen, schlauer und witziger. Zum Herbstfest kommt er aus seinem Bau auf die Loretowiese und stellt die Stacheln auf. Sobald am letzten Samstag im August ›O'zapft is‹, läuft er los. Ignaz ist ein Mensch, trotzdem identifizieren ihn die Rosenheimer als ›Wiesn-Igel‹, wenn er sich durch die Biertischgassen arbeitet. Zwischendurch stemmt er Krüge in die Höhe. Seine Rekordmarke liegt bei 110 Mass in 16 Wiesn-Tagen. Wie die meisten Rosenheimer ist auch Ignaz mit Leib und Seele auf der Wiesn, allerdings ist er nicht zum Vergnügen hier, sondern im Dienst der Heimatzeitungen des Oberbayrischen Volksblatts (OVB). Für das regionale Leitmedium schreibt er die Kolumne ›Wiesn-Streiflichter‹, die zu den meistgelesenen Beiträgen während der Herbstfestzeit gehört.

Hinter Ignaz' Erfolg steckt Hendrik Heuser. Der OVB-Redakteur ist seit vielen Jahren der Ghostwriter des ›Wiesn-Igels‹ und als solcher während des Volksfests von allen anderen Aufgaben befreit. Für ihn ist es ein Vollzeitjob mit Standortvorteil: Er wohnt nur fünf Fußminuten von der Loretowiese entfernt, aber von dem kurzen Arbeitsweg abgesehen, verlangt ihm das Herbstfest alles ab. »Für mich sind es die zwei anstrengendsten Wochen im Jahr, und davor graut mir zunehmend. Aber kaum höre ich die Musik der Kapellen beim Einzug, kommt das alte Zirkuspferd in mir durch und ich stürze mich wieder mit Begeisterung ins Geschehen«, erzählt Heuser.

Seine tägliche Schicht beginnt zu Mittag im Flötzinger- oder Auer-Festzelt und endet frühestens mit dem letzten Ausschank um 23.30 Uhr. Am nächsten Morgen verarbeitet der Journalist ab 9 Uhr in der Redaktion, was er als Ignaz ›aufgespießt‹ hat: nette Zufälle, amüsante Geschichten und bierselige Promipointen. »Bei den Lesern kommt es am besten an, wenn jemand humorvoll aufs Korn genommen wird«, sagt Heuser. Dafür lässt sich der ›Wiesn-Igel‹ etwas einfallen: Den damaligen bayrischen Innenminister Günther Beckstein setzte er aufs Kinderkarussell und die CSU-Politikerin Barbara Stamm ließ er beim Fahrge-

Der ›Wiesn-Igel‹ Hendrik Heuser im Einsatz

schäft ›Big Bamboo‹ auf einem Baumstamm ins Wasser rutschen. »Prominente und Politiker sind meist für jeden Spaß zu haben, Hauptsache, der Ignaz schreibt über sie«, berichtet der stachelige Reporter lachend und freut sich, dass ihn auch Rosenheimer Bürger mit Informationen, historischen und aktuellen Fotos sowie persönlichen Erinnerungen versorgen. Eine Auswahl der ›Geschichten vom Rosenheimer Herbstfest‹ veröffentlichte Hendrik Heuser schließlich 2004 bei der Edition Förg im Rosenheimer Verlag, darunter auch diese aus dem Jahr 2000:

›Starke Männer braucht das Land – aber wo finden? Beim Wiesn-Treffen des Stadtrates im Flötzinger-Festzelt kam die zierliche Bedienung Berni mit zwölf Masskrügen an die Tische und stellte je sechs links und rechts ab. SPD-Mann Walter Schlosser und Dr. Anton Kathrein von den Freien Wählern/UP schafften es ebenso wenig wie am Nebentisch Rudolf Hötzel von den Republikanern im Sitzen mit einem Arm sechs Krüge anzuheben. Walter Schlosser fand eine Erklärung für das gemeinsame Versagen: »Weil wir keinen Busen haben …«‹

Dr. Anton Kathrein beeindruckte den ›Wiesn-Igel‹ sichtlich. »Er hatte eine bewundernswerte Kondition«, erinnert sich Heuser an den

2012 verstorbenen Inhaber der Firma Kathrein, dem größten Antennenhersteller der Welt. »Fast jeden Tag war er mit Geschäftsfreunden auf der Wiesn.« Einen von Kathreins Gästen hat Ignaz belauscht und im ›Wiesn-Streiflicht‹ verewigt:

»»Ich zweifle, ob wirklich die Skandinavier die Sauna erfunden haben«, sinnierte der Ostfriese schwitzend nach der dritten Mass, »jedenfalls ist das hier die größte Massensauna, die ich je erlebt habe.«‹

Ohne Fleiß kein Schweiß. Die Rosenheimer verstehen es in allen Positionen zu feiern, auch schunkelnd an den Nachbarn gelehnt. Das Herbstfest ist das schönste Volksfest Bayerns, finden die Einheimischen – und zunehmend auch Gäste aus München, Österreich und Südtirol. Inzwischen kommen über eine Million Besucher, darunter auch die ›Rosenheim-Cops‹ Markus Böker und Joseph Hannesschläger. Die beiden Schauspieler verrieten dem ›Wiesn-Igel‹ 2002, dass sie zumindest am Abend das Rosenheimer Herbstfest der Münchner Wiesn vorzögen – wegen seiner Ursprünglichkeit und der familiären Atmosphäre.

Ignaz kommt eben mit jedem ins Gespräch. Das muss an seiner Herkunft liegen: Er wurde 1973 am Wiesn-Stammtisch des OVB als Maskottchen geboren – mit einer Stachelfrisur. An dieser Vorlage orientiert sich Heuser, wenn er vor dem Herbstfest zum Friseur geht. Im benachbarten Bad Aibling hat er den passenden gefunden: ›Salon Igel‹ in der Bahnhofstraße.

Doch nicht nur Ignaz, sondern auch Heuser selbst besitzt ein besonderes Verhältnis zu Stammtischen: Zweimal die Woche trifft er sich mit Freunden in Rosenheimer Lokalitäten. Man könnte meinen, der Journalist wäre ein echter Bayer. Ist er aber nicht. »Ich bin ein Preiß«, verrät er. Der Mann hinter dem ›Wiesn-Igel‹ ist Rheinländer und spricht auch nach Jahrzehnten in Bayern noch »nach der Schrift«. Passt schon! Hochdeutsch wurde ohnehin in Süddeutschland als Dialekt erfunden, von Luther übernommen und verbreitet.

»Abgesehen von der Sprache muss sich ein Rheinländer, der nach Bayern kommt, nicht groß umstellen«, resümiert Heuser. In sprachlichen Spezialfragen wendet er sich an seine Redaktionskollegen und hat gleichzeitig ein so feines Gehör entwickelt, dass er das helle Bayrisch des Chiemgaus von dem etwas dunkleren aus Oberaudorf unterscheiden kann. »Eine Dialektgrenze lässt sich auf zehn Kilometer verorten.« Auf dem Herbstfest gibt es ohnehin keine Sprachgrenzen, nur Grenzfälle. Modische. Der ›Wiesn-Igel‹ nimmt sich ihrer an:

›Er beobachtete zahlreiche Neubürger auf der Wiesn, die sich in fescher Tracht zeigten. Kritisch wurde es aber dann, wenn sie eine »Kurze« trugen und die Haxen eher wie Steckerl ausschauten. Könnte man Silikon stricken, so überlegte Ignaz, müsste doch ein gutes Geschäft damit zu machen sein, »Push-up-Wadlstrümpf« auf den Markt zu werfen.‹

Wiesn-Lesestoff

Probleme mit der Tracht hat auch der Ghostwriter. »Nach jedem Herbstfest zwickt die Lederhose«, klagt Heuser, der während der 16 Tage im Schnitt rund fünf Kilo zulegt. »Und nach der Wiesn läuft das Arbeitsgewand im Schrank ein.« Das mag daran liegen, dass Heuser begeistert für sich und seine Freundin kocht. Trotzdem sorgen sich immer wieder Wiesn-Besucher um das Wohl ihres Lieblings. Eine Dame stellte ihm einmal gar ein Schälchen Milch neben die Maß. Ein grober Fehler! »Ich bevorzuge Bier und anschließend bierfreien Alkohol, also Wein«, erklärt er nachdrücklich. Dagegen war er für folgende Zuwendung so dankbar, dass er daraus ein Wiesn-Streiflicht formulierte:

›Wie man beim Biertrinken den Kalorien ausweicht, erklärte ein Experte dem »Wiesn-Igel«. Ungefähr 97 Prozent in der Maß seien Wasser, und das hat keine Kalorien. Also müsse man immer nur drei Prozent der Maß als »Noagerl« stehen lassen.‹

Hendrik Heuser im Einsatz auf der Loretowiese

Sollte man statt Bierreste zu kultivieren gleich eine Radlermaß trinken, um zumindest den Alkoholanteil zu reduzieren? Ignaz entgegnet entrüstet: »Zitronenlimo gehört nicht ins Bier. Das verstößt für mich gegen das bayrische Reinheitsgebot.« Er trinkt natürlich pur, das aber paritätisch: beim Flötzinger Bräu und beim Auerbräu. »Die Festwirte achten sehr darauf, dass ihre Biertempel in meiner Kolumne gleich oft erwähnt werden«, schildert der ›Wiesn-Igel‹.

Die Diplomatie fällt ihm leicht, weil Heuser einen geschulten Sinn für Gerechtigkeit hat. Immerhin hat er Jura studiert, bevor er zum Journalismus abbog. Schreiben lag nahe: Heusers Stiefvater gehörte zu den Gründern des Münchner Presseclubs und war Namensgeber des ›Dr.-Georg-Schreiber-Medienpreis‹. Außerdem konnte der ›Wiesn-Igel‹ bereits vor Schulantritt lesen. An eine Lektüre erinnert er sich noch besonders gut. Als Bub las er in der elterlichen Arztpraxis die Pharmawerbebändchen ›Romantische Städte in Deutschland‹. In einem war eine Werbung für das Unternehmen Klepper aus Rosenheim, einem der renommiertesten Faltbootherstellern der Welt. »Der Name dieser Stadt blieb mir im Gedächtnis.« Viele Jahre später, als er bereits mit dem Herzen Rosenheimer war, hatte Heuser die Idee zum Förderverein für ein Kleppermuseum. Ein Ausweis der Museumsleitung belegt: Der Journalist ist das Gründungsmitglied Nummer Eins.

Eines Tages existiert vielleicht auch ein Museum für den ›Wiesn-Igel‹. Immerhin – er ist das berühmteste Stacheltier der Welt. Erst nach dem Herbstfest ist er wieder inkognito unterwegs, als Hendrik Heuser in einem dunkelblauen SAAB-Cabriolet Baujahr 1992. Rosenheimer erkennen ihn trotzdem. Viele winken. Nach der Wiesn ist vor der Wiesn.

LORETOWIESE
83022 ROSENHEIM
WWW.HERBSTFEST-ROSENHEIM.DE
WWW.OVB-ONLINE.DE

Es war ein wilder Traum
Emmeran Heringer gibt vor der Stadtbibliothek den RigoL

Der kleine Felix hüpft vor Begeisterung. Er kann gar nicht mehr aufhören. Sein Bruder Theo steht daneben und überlegt, wie das funktioniert: Einrad fahren und Jonglieren zur selben Zeit. Heute Abend wird er mit dem Training beginnen, beschließt er, zumindest mit den Bällen. Die Kinder stehen vor der Rosenheimer Stadtbibliothek und freuen sich über RigoL und tOrF. Die beiden Clowns studieren Am Salzstadel 15 ihr neues Programm ein. Für RigoL liegt dieser Übungsplatz nahe, schließlich hat er gleich um die Ecke seinen Wohnsitz – als Emmeran Heringer. Nach der Probe erzählt er, wie das so ist mit ihm und seinem zweiten Ich, denn mit seinem Bühnenpartner tOrF war sowieso von Anfang an alles klar.

»Ich wollte unbedingt an die Clownschule und bin zur Aufnahmeprüfung mit dem Zug nach Mainz gefahren. Die Reise allein war schon ein clownesker Auftritt, weil ich zwei Einräder und einen Riesenkoffer mitgeschleppt habe. So bin ich bei Stefan Pillokat, also tOrF, angekommen, bei dem mir die Schule eine Übernachtungsmöglichkeit vermittelt hat – weil wir beide Bayern sind. Wir haben uns sofort verstanden und er hat gesagt: ›Wenn du fertig bist, dann machen wir etwas miteinander.‹ Wir wären ja auch blöd gewesen, wenn wir nicht zusammen aufgetreten wären: er klein, ich groß; er schnell, ich langsam. Einer ist der Gegensatz des anderen. Das funktioniert ähnlich wie bei Dick und Doof.«

Ein vielseitiger Künstler: Der Clown läuft auf Stelzen

Der Rosenheimer bestand die zweitägige Aufnahmeprüfung an der staatlich anerkannten Berufsfachschule für Clowns und lernte von 1999 bis 2001 in Vollzeit das Fach ›Clown-Schauspieler‹. Die Ausbildung teilt sich in Technik, Figurenfindung und Nummernentwicklung auf – und schon bald brauchte Heringer einen Namen für seinen Clowncharakter. Da er gerade die Biografie des ›großen Meisters Charlie Rivel‹ gelesen hatte, probierte er mit dessen Anfangsbuchstaben herum. ›Ri…‹; dann fiel ihm seine Schweizer Bekannte Regula ein – und irgendwann war der Künstlername ›RigoL‹ da. »Ich glaub, ich hab davon geträumt. Es war ein wilder Traum und Charlie Rivel trat darin auf«, erzählt Heringer. Dass ›rigoler‹ im Französischen ›lachen‹ und ›Spaß machen‹ bedeutet, ist ein wunderbarer Zufall, auf den Heringer bei Auftritten in Frankreich aufmerksam wurde. Von internationalen Engagements konnte er als kleiner Junge nur träumen – allerdings in bester Lage: Seine Familie wohnte am Rosenheimer Zirkusplatz.

RigoL bei der Arbeit

»Unter fünf Geschwistern war ich derjenige, der oft krank war, und dann habe ich mein Lieblingsbuch ›Yogi Bär im Zirkus‹ gelesen. Ich selbst war als Ministrant regelmäßig im Zirkus, denn wenn eine Truppe nach Rosenheim kam, hat der Pater Schöning im Kloster neben der Wiesn einen Gottesdienst für die Artisten abgehalten. Wer ministriert hat, wurde mit Freikarten belohnt. Ich war immer dabei und konnte den Pater irgendwann überzeugen, dass ich ihn zu seinen Gottesdiensten im Münchner ›Circus Krone‹ begleiten durfte. Dabei habe ich viel gelernt: Mit 16 bin ich 14 Tage hintereinander immer wieder in die bayrische Hauptstadt gefahren, um mir die gleiche Clownnummer anzuschauen – den Belgier Les Chabris mit seiner urkomischen Ballettnummer. Da war mir schon längst klar, was ich werden wollte, aber als ich daheim behauptet habe: ›Ich werde Clown‹, rieten mir meine Eltern, vorher noch eine Lehre zu machen.«

Der Sohn wurde zunächst Landschaftsgärtner und absolvierte anschließend seinen Zivildienst in Kiefersfelden in einem Heim für alkoholabhängige Männer und Frauen. Dort lag im Aufenthaltsraum eine Zirkuszeitung und schien geradezu auf Heringer zu war-

Emmeran Heringer gibt vor der Stadtbibliothek den RigoL

ten. Nicht umsonst. Der Rosenheimer fand darin eine Anzeige der Mainzer Clownschule. In diesem Moment wusste er, wie es weitergehen sollte – und RigoL wurde geboren. Dieser hat viel von seinem Schöpfer.

»Wir mögen beide die Langsamkeit, aber RigoL geht dabei ins Extreme. Er gibt nicht gleich einen Kommentar ab, sondern schaut sich die Sache erst einmal an, er ist gewissermaßen der Nachdruck, während tOrF die Bühne stürmt.«

Seine Zurückhaltung packt Heringer in poesievolle akrobatische Nummern mit Langzeitwirkung. Er ist das Gegenteil von plakativer Comedy. Sein RigoL ist ein Feingeist, der mit Liebenswürdigkeit das Innerste der Menschen nach außen spielt. Er spiegelt sie dabei so berührend, dass ihn der Kulturausschuss seiner Stadt 2010 den Rosenheimer Förderpreis zuerkannte. Er wurde als ›junger fantasievoller und suchender Künstler‹ gewürdigt. Das hat er sich ehrlich verdient, weil Heringer Authentizität für den wichtigsten Wesenszug eines Clowns hält.

»Wenn du ehrlich bist beim Spielen, entsteht bei jedem Auftritt etwas Neues, selbst wenn du zum hundertsten Mal das Gleiche machst. Das Publikum spürt, ob du dich dem Moment hingibst, und Kinder haben dafür besonders feine Antennen. Wenn sie bei einem Auftritt nicht reagieren, dann ist er einfach nicht gut.«

Genau aus diesem Grund proben RigoL und tOrF vor der Rosenheimer Stadtbibliothek. Felix steht noch immer lachend auf dem Vorplatz und inzwischen kann sich auch Theo nicht mehr halten. »Ich will auch Clown werden!«

STADTBIBLIOTHEK ROSENHEIM
AM SALZSTADEL 15
83022 ROSENHEIM
WWW.EMMERANHERINGER.DE
WWW.RIGOL-TORF.DE

Eine für alle
Inge Thaler begeistert an der Astrid-Lindgren-Schule

An der Astrid-Lindgren-Grundschule treffen 18 Nationalitäten aufeinander. Babylonische Verständigungsprobleme gibt es trotzdem nicht. Alle Kinder sprechen dieselbe Sprache: die Giraffensprache. Sie schützt vor Fäusten, Frust und Missverständnissen, weil sie auf gewaltfreie Kommunikation baut. Das Konzept entwickelte der weltweit anerkannte US-amerikanische Konfliktmediator Dr. Marshall Rosenberg in den frühen 60er-Jahren. Anwendung findet es heute in Rosenheim. »Wir zeigen den Kindern, wie sich Streit ohne Boxen lösen lässt«, erzählt die Rektorin der Grundschule Inge Thaler. Ihre Spezialisten erklären, wie es funktioniert.

Meret, 10: Wenn ich mich über ein anderes Kind ärgere, muss ich höflich sagen: »Kannst du bitte aufhören, ich will das nicht.« Man soll nicht sagen: »Du bist blöd.« Es funktioniert viel besser, wenn man freundlich miteinander redet. Es heißt Giraffensprache, weil diese Tiere das größte Herz haben und immer die Blätter von oben fressen, deshalb streiten sie sich nicht mit anderen. Sie sprechen immer höflich.

»In jeder Klasse gibt es eine Giraffe als Handpuppe«, erzählt Thaler. Sie und eine Sozialpädagogin vermitteln bereits Erstklässlern die Grundlagen des friedlichen Miteinanders. Wer sie verstanden hat, bekommt den ›Giraffenführerschein‹, so wie der siebenjährige Joseph. Wenn da nur nicht die Sache mit den Wölfen wäre.

Joseph, 7: Wir haben manchmal Wölfe und manchmal Giraffen in der Klasse. Die Wölfe sind böse. Es macht mehr Spaß, wenn man eine Giraffe ist, aber wenn ich mich ärgern muss, bin ich auch manchmal ein Wolf. Hinterher muss ich die Hand geben und sagen: »Entschuldigung, ich wollte das nicht.«

Bereits ihr Vater war Schulleiter, und obwohl Inge Thaler ursprünglich gar nicht Lehrerin werden wollte, nahm die leidenschaftliche Pädagogin und Mutter eines Sohnes vor sieben Jahren das Ruder an der Astrid-Lindgren-Schule in die Hand.»Mein Ziel war es, dass Eltern ihre Kinder nicht von uns wegmelden, sondern anmelden.« Das hat sie geschafft. Mit Ideen, Begeisterung – und weil sie Sprachbarrieren aus dem Weg räumt. 45 Prozent ihrer Schüler sind Migranten, deshalb ist Deutsch die größte Herausforderung im Unterrichtsalltag. Der Lösungsweg beginnt im Kindergarten, wo Thalers Kollegen Deutschstunden geben.

»Auch die Stadt Rosenheim engagiert sich sehr, zum Beispiel mit Crashkursen an der Volkshochschule. Neu zugezogene Kinder lernen dort an drei Tagen der Woche ihre neue Sprache und an den anderen zwei kommen sie zu uns und integrieren sich in die Klassen«, beschreibt die Chefin das erfolgreiche Konzept.»Die Migration ist kein Problem. Im Gegenteil! Sie macht unser Haus bunt und spannend.«

Licht scheint durch die Decke der Aula. Überall hängen Bilder und Figuren. Viele der ausgestellten Werke sind an einem Dienstagnachmittag entstanden, in der ›Arbeitsgemeinschaft Kunst‹.

Eli, 8: Malen ist mein Hobby. Ich hab schon immer gerne gemalt. In der AG Kunst malen wir und kleistern und basteln. Ich möchte gerne Künstlerin werden. Künstlerin mach ich erst einmal zum Geld verdienen und danach werd ich Popstar so wie Jennifer Lopez.

Kunst kostet, vor allem die Ausbildung. Die Talentförderung unterstützt die Sparkassenstiftung ›Fit in die Zukunft‹ (FitZ) und das Oberbayerische Volksblatt. Deshalb werden Besucher am Eingang momentan von einem hausgemachten Hundertwasser begrüßt. Die Künstlerin erklärt ihr Werk.

Luisa, 10: Der Hundertwasser macht ja immer so Streifen und nicht alles so wie in der Wirklichkeit. Er erfindet bunte Sachen und Häuser und das finde ich schön. Ich will Künstlerin werden und solche Bilder malen wie er.

Inge Thaler begeistert an der Astrid-Lindgren-Schule

Die Arbeitsgemeinschaften werden von Profis geleitet. »Wir kooperieren oft mit Rosenheimer Vereinen«, erzählt die Rektorin. Neben Kunst bietet die Astrid-Lindgren-Schule unter anderem Akrobatik, Theater, Experimentieren, Schach, Musizieren und vieles mehr an.

Thanh Long, 9: Ich spiele Gitarre, Klavier und Flöte. Alle Instrumente machen mir Spaß. Später will ich Musik machen wie Bon Jovi, den höre ich daheim. Ich bin sein Fan. Ich denke schon, dass ich später Konzerte wie er geben kann, nur meine kleine Schwester will manchmal nicht zuhören, wenn ich Musik mache. Ich gehe gerne in meine Schule. Am liebsten mache ich hier eigentlich alles.

Wie sehr sich die Kinder mit ihrer Schule identifizieren, merkt Inge Thaler unter anderem, wenn sie in großen Mengen T-Shirts, Sweatshirts und Jacken mit dem Logo nachbestellt, oft für die ganze Familie.

Lia, 8: Mein großer Bruder geht hier auch in die Schule und spielt auch Gitarre. Das ist mein erstes Instrument. Wir haben schon Noten gelernt und ein paar Lieder und die Saiten. Ich übe jeden Tag zu Hause und singe dazu.

Die tatkräftige Inge Thaler zapft für ihre Schüler alle möglichen Quellen an, um ihre Vorstellungen einer guten Bildungseinrichtung verwirklichen zu können. Gerade ist sie dabei, Schwimmunterricht zu organisieren. »Wir haben festgestellt, dass viele Kinder mit zehn

Jahren schon auf Facebook sind, aber sich nicht über Wasser halten können.« Die Direktorin will das mithilfe von Rosenheimer Sponsoren ändern, »weil es lebenswichtig ist.«
Thaler bezeichnet sich selbst als hyperaktiv. »Wenn eine gute Idee aufkommt, versuche ich immer, sie sofort zu verwirklichen.« Dabei nutzt sie konsequent die Möglichkeiten aus, die eine Schule in unserem Bildungssystem hat, und beweist damit, was machbar ist, anstatt in das übliche Lamentieren über deutsche Schulpolitik zu verfallen. Ihre Standpunkte sind trotzdem klar: Lehrpläne? »Würde ich entrümpeln.« Noten? »Mir gefällt die Idee von Noten nur auf Antrag sehr gut.« Sitzen bleiben? »Muss immer individuell entschieden werden. Manchen Kindern hilft es.« Übertritt aufs Gymnasium? »Die Teilung nach der vierten Klasse ist zu früh. So wie früher, nach der sechsten Klasse, das wäre ideal.« Gemischte Klassen? »Auf jeden Fall! Mädchen und Jungen sollen zusammen lernen, das ist ganz wichtig fürs Soziale. Sie profitieren von ihrer Verschiedenartigkeit.«

Metius, 10: Ich könnte auch auf eine andere Schule gehen, aber ich habe mich für diese entschieden. Ich komme hier gerne her und hab auch eine nette Lehrerin. Ich spiele Gitarre, spiele Fußball und schwimme, aber am meisten Spaß macht mir Mathe. Die ganzen Zahlen, das ist faszinierend. Beim Känguru-Wettbewerb habe ich an unserer Schule den dritten Platz geschafft.

Insgesamt 60 Millionen Schüler aus über 50 Ländern nehmen jedes Jahr freiwillig am Känguru-Mathewettbewerb teil, einer Klausur, die an den jeweiligen Schulen unter Aufsicht geschrieben wird.

Julian, 9: Ich hab den zweiten Platz gemacht. Später will ich etwas mit Mathe machen, weil ich Mathe total einfach finde. Ich höre das und versteh das meistens sofort. Englisch fällt mir nicht so leicht, dafür macht mir Fußballspielen Spaß. Ich bin in der Mannschaft des TSV 1860 Rosenheim. Der Schweinsteiger ist mein Lieblingsspieler, aber ich werde trotzdem lieber Mathematiker als Fußballer.

Inge Thaler begeistert an der Astrid-Lindgren-Schule

Sport gehört zum täglichen Unterricht, mindestens 20 Minuten. Am Morgen geht es mit Gymnastik los und manchmal wird zum Pippi-Langstrumpf-Lied getanzt. Es gibt einen Bewegungsparcours und eine Kletterwand im Pausenhof.»Bewegung und Ernährung sind uns sehr wichtig«, sagt Thaler, die jeden Monat vom Edeka-Markt ›Maruhn‹ in der Austraße über EU-Mittel Obst und Gemüse im Wert von etwa 800 Euro geliefert bekommt. Die Vitamine stehen bei den Schülern hoch im Kurs und spätestens in der dritten Klasse wissen die meisten, welches Essen dem Körper guttut. Dann machen sie den Ernährungsführerschein und tragen ihr Wissen in ihre Familien.

»Ihr schon wieder!« – Inge Thaler lacht zwei Jungs an, die vor dem Lehrerzimmer sitzen. »Warum seid ihr heute hier?«, will die Rektorin wissen. Die beiden haben Schneebälle auf dem Pausenhof geworfen und sollen jetzt überlegen, warum das keine gute Idee war und wie sie es künftig besser machen können. Thaler erlebt ihre Schüler meist als sehr einsichtig.»Im Einzelfall kann man mit allen reden.«

Jeder hier weiß, dass Gewalt in keiner Form akzeptiert wird, dafür dürfen sie Ringen und Raufen, aber nur auf dem Pausenhof in einem extra abgezirkelten Kreis, nach den strengen Regeln ihrer Lehrerin Frau Gegenfurtner. Sie ist eine erfahrene Judoka und achtet auf faire Kämpfe. Der Verlierer wird selbstverständlich nicht mit dummen Sprüchen aus dem Ring begleitet. Die Zuschauer beherrschen schließlich alle die Giraffensprache.

ASTRID-LINDGREN-GRUNDSCHULE
INNSBRUCKER STRASSE 1
83022 ROSENHEIM
WWW.ALS-ROSENHEIM.DE

Der Fluchtpunkt aller Hoffnungen
Otfried Preußler kam am Rosenheimer Bahnhof an

Der junge Mann stand auf dem Trittbrett des Personenzuges, der langsam in den Rosenheimer Bahnhof einrollte. Man sah ihm an, woher er kam: Sein Kittel schlabberte um den schmalen Körper, die blaue Hose hing auf der Hüfte. Fünf Jahre hatte er in russischer Kriegsgefangenschaft gehungert, geschuftet und die Ruhr nur knapp überlebt. Jetzt endlich sollte er Annelies wiedersehen. Aus dem Durchgangslager Hof-Moschendorf hatte er ihr am Vortag telegrafiert: ›ankomme Rosenheim morgen 18:58 Uhr‹. Am 23. Juni 1949 fuhr Otfried Preußler schließlich am Rosenheimer Bahnhof als ›Spätheimkehrer‹ ein.

14 Monate zuvor hatte er das erste Mal von der Stadt gehört. Da marschierte er gerade mit anderen Gefangenen zur Frühschicht in eine Kalkzeche und fragte sich, ob Stalin ihn und seine Kameraden jemals aus dieser Sklaverei entlassen würde. Im nächsten Augenblick geschah ein Wunder: Am Lagertor wurde ihm eine Karte vom Roten Kreuz in die Hand gedrückt. Seine Verlobte Annelies Kind hatte ihm geschrieben. Die vertriebene und in alle Himmelsrichtungen verstreute Familie wolle sich in Rosenheim treffen und auch er solle den Ort ansteuern, sobald er die Möglichkeit dazu hätte.

Preußler beschrieb später, was diese Zeilen in ihm auslösten: »Nach Rosenheim also! Von einem Augenblick auf den andern war da in meinem Leben ein völlig neuer, ein völlig unbeschriebener Ortsname aufgetaucht. Und schon war er für mich zum Fluchtpunkt aller meiner Pläne und Hoffnungen geworden. Dort also sollte unser neues, gemeinsames Leben beginnen. Wann dies der Fall sein würde, wussten wir damals beide nicht.«

Der junge Kriegsgefangene begann sich im Lager umzuhören, irgendjemand musste diese Stadt doch kennen. Leutnant Drexl aus Ingolstadt verwies ihn an den Krinninger Franz. Es hieß, er sei in Rosenheim aufgewachsen. Preußler traf den Ortskundigen hinter einem Schuppen. Der Franz versicherte ihm, dass seine Heimatstadt kein schlechter Platz zum Leben sei: »Nah am Gebirge, da lässt sich's wandern und Ski laufen. Und im Sommer, da gibt's die Seen ganz in

Glücklich vereint in Rosenheim: Otfried Preußler und seine Annelies

der Nähe.« Der Franz nahm einen Holzspan und ritzte einen Strich in den Sand. Das war der Inn. Er fügte Innsbruck, Passau, Salzburg und München hinzu und dazwischen Rosenheim und seinen Hausberg, den Wendelstein. Auch an die Bahnlinie dachte er. Diese Koordinaten lenkten in den kommenden Monaten Preußlers Sehnsucht.

Über ein Jahr später war es dann endlich so weit: Er kam mit der Abendsonne am Rosenheimer Bahnhof an. Die Bremsen des Waggons quietschen. Der Heimkehrer ließ seinen Blick über den Bahnsteig schweifen. Wo war seine Braut? Mit einer roten Rose in der Hand wartete sie am Bahnsteig. Sie trug ihr altes Dirndl aus der böhmischen Heimat, das einzige Kleid, das ihr auf der Flucht geblieben war. Nach der langen Zeit der Trennung hoffte sie, ihr Schatz würde sie darin wiedererkennen. »Ich hätte sie aber gleichwohl erkannt, auch in jedem anderen Kleid. Selbst wenn nicht fünf, sondern 50 Jahre dazwischen gelegen hätten – das weiß ich so sicher wie meinen Namen«, erzählte Otfried Preußler in seinen Memoiren. Während der Zug noch ausrollte, sprang er ab und rannte auf sie zu, auf seine Annelies, sein Mädchen aus dem heimischen Reichenberg. Noch im selben Jahr feierten sie in der neuen Heimat Hochzeit. Sie waren zwei von insgesamt zwölf Millionen heimatvertriebenen Deutschen, die das Schicksal nach Bayern verschlagen hatte – und sie standen vor dem Nichts.

Otfried Preußler kam am Rosenheimer Bahnhof an [15]

Vor dem Krieg hatte Preußler davon geträumt, an der deutschen Karls-Universität in Prag zu studieren, der ältesten Hochschule Mitteleuropas, aber wie so viele andere seines Jahrgangs war er gleich nach dem Abitur in den Krieg geschickt worden. An der Ostfront kam er in Gefangenschaft. »Hitler und Stalin haben mir einen Strich durch die Rechnung gemacht. Dass ich auf ein akademisches Studium verzichten musste, hat mich lange geschmerzt«, schrieb er als alter Mann. Mit Mitte 20 entschloss er sich schließlich aus Not und Neigung, in Rosenheim Volksschullehrer zu werden. Während seiner Ausbildung verdiente er als radelnder Lokalreporter und mit Geschichten für den Kinderfunk Geld, um seine Familie ernähren zu können. Die Töchter Renate, Regine und Susanne wurden geboren und die evangelische Volksschule an der Prinzregentenstraße sein neuer Arbeitsplatz. »Mein lieber pädagogischer Mentor in Rosenheim, der Herr Rektor Pestenhofer selig, hat mir den Rat gegeben: ›Wenn die Schulkinder ihnen durchgehen, bloß nicht laut werden, Herr Kollege, bloß nicht den wilden Mann markieren! Nehmen S' einfach die Geige zur Hand und spielen S' ihnen was vor‹«, erzählte Preußler. Leider hatte der Tipp einen Haken: Der junge Lehrer konnte nicht geigen, also versuchte er es stattdessen mit Geschichtenerzählen. »Damit habe ich mir manche ruhige Stunde verschaffen können, bei Klassenstärken von 50 Kindern und mehr gewiss keine Kleinigkeit.«

Preußler mit seinen Rosenheimer Schülern

Die Familie Preußler lebte im Rübezahlweg in Haidholzen bei Rosenheim. Irgendwann gesellte sich zu den Töchtern ein kleiner Junge mit grünen Haaren und Schwimmhäuten zwischen den Fingern. Der kleine Wassermann war geboren! Mit seinen Eltern lebte er auf dem Grund des Mühlenweihers und ritt auf dem Karpfen Cyprinus von einem Abenteuer zum nächsten. Otfried Preußler brachte seine Geschichte zu Papier und bot sie dem Stuttgarter Thienemann Verlag an. Es wurde 1956 der erste große Erfolg des Kinderbuchautors. Bereits ein Jahr nach dem Erscheinen wurde das Werk mit einem Sonderpreis des Deutschen Jugendbuchpreises ausgezeichnet. Währenddessen schwamm der kleine Wassermann los, um weltweit Kinderherzen zu erobern.

Rosenheimer Schüler kannten den niedlichen Gesellen, lange bevor er zum Bestseller wurde. Ihr Herr Lehrer Preußler las ihnen kapitelweise aus dem Manuskript vor. Nur Passagen, die sich im Klassenzimmer bewährten, durften im Buch bleiben. »Was ich von meinen Schulkindern, was ich von Kindern überhaupt lernen konnte, soweit es Geschichten für Kinder betrifft, das glaube ich, während meiner Lehrerjahre gelernt zu haben. Es sind Jahre gewesen, in denen auch ich – und zwar unter anderem als Geschichtenerzähler – zur Schule gegangen bin«, beschrieb Preußler später diese Zeit.

Seine Erzählstoffe von Zauberern, Wassermännern, Hexen und Gespenstern hatte der Autor aus seiner böhmischen Heimat mitgebracht. Als kleiner Bub sammelte er sie mit seinem Vater im Vorland des Iser- und Riesengebirges, in Bauernstuben und Gasthäusern. Auf den langen Wegen durch die Wälder erzählte der Vater dem Sohn die Sagen seiner Heimat. Preußlers Eltern waren Lehrer mit einer großen Bibliothek, die einige Tausend Bände fasste und bald zu einem Lieblingsplatz des kleinen Otfrieds wurde. Den Grundstock für seinen lebenslangen Vorrat an Geschichten legte allerdings seine Oma. »Das

Der große Geschichtenerzähler

Otfried Preußler kam am Rosenheimer Bahnhof an 15

Geschichtenbuch meiner Großmutter Dora ist das wichtigste aller Bücher für mich, mit dem ich je im Leben Bekanntschaft gemacht habe«, erinnerte sich der Enkel, inzwischen wohl wissend, dass dieses geheimnisvolle Buch nie existierte, sondern nur als Alibi für die Fabulierkunst der Großmutter diente. »Sie war eine großartige Geschichtenerzählerin, aber auch eine bescheidene Frau, der es mitunter vor ihrer eigenen Fantasie ein wenig bange geworden sein mag – weshalb sie sich aus der Verlegenheit half und uns Kindern weismachte, alles, was sie uns da erzählte, stamme aus einem dicken alten Geschichtenbuch.« Die Großmutter gab ihr Talent an den Enkel weiter. Preußler selbst nannte sich am liebsten einen ›Geschichtenerzähler‹.

Seine große Kunst entfaltete er auf Waldspaziergängen im Rosenheimer Umland. Stundenlang lief er bei Wind und Wetter durch die Natur und flüsterte dabei einem Diktiergerät das Leben seiner Helden ein. Es wurden immer mehr: Auf den kleinen Wassermann folgten unter anderem das kleine Gespenst und der Räuber Hotzenplotz. Die kleine Hexe hatte sich da bereits als Gutenachtgeschichte für seine Töchter bewährt, indem sie ihnen bewies, warum man sich vor bösen Hexen nicht zu fürchten braucht.

Der junge Mann, der einst langsam mit dem Zug in Rosenheim einrollte und sein Mädchen auf dem Bahnsteig suchte, hatte seine Bestimmung gefunden und beglückte mehr als 50 Millionen Leser. Otfried Preußler, geboren am 20. Oktober 1923 in Reichenberg, verstarb am 18. Februar 2013. Unsterblich. Ein Teil von Rosenheim.

BAHNHOF
SÜDTIROLER PLATZ 1
83022 ROSENHEIM
WWW.PREUSSLER.DE

Das ist kein Ort für Feiglinge
Maria Hollerieth steigt am Innufer in ihr Kajak

Der Inn ist ihre Trainingsstrecke. Wo früher gemächlich Schiffszüge fuhren, beschleunigt Maria Hollerieth ihr Kajak auf Wettkampftempo. Fast täglich paddelt sie knapp eine Stunde: mindestens fünf Kilometer flussaufwärts und zurück. Start und Ziel ist die Innlände 6. Hier hat der Rosenheimer Kajak-Klub sein Bootshaus. Für die Sportlerin ist dieser Ort ein zweites Zuhause: Ihre Eltern Andrea und Konrad Hollerieth sind beide Kajakweltmeister. Nun schreibt sie die Fortsetzung ihrer Erfolgsgeschichten.

Im Team gewann Maria Hollerieth bei der Europameisterschaft 2013 im slowenischen Bovec zwei Medaillen: Silber in der Disziplin Klassik und Bronze beim Sprint. Im reißenden Gewässer der Soca kämpfte sie sich zum Ziel. »In dieser Disziplin darf man nicht etepetete sein, sondern muss sich mit der Natur auseinandersetzen. Das Wildwasser ist kein Ort für Feiglinge«, sagt Hollerieth. In ihrem Verein gibt es viele mutige Mädchen und Frauen. »Die Hälfte des deutschen Nationalteams im Wildwasserrennsport sind Rosenheimerinnen.«

Erika Thimel: Sie selbst hatten kaum eine andere Wahl, bei den erfolgreichen Eltern, oder?
Maria Hollerieth: Meine Eltern haben keinen Druck gemacht. Im Gegenteil. Impulsgeberin war eine Freundin, die paddelte. Aber während sie inzwischen ausgestiegen ist, bin ich immer noch begeistert dabei.
Ihr Vater trainiert Sie und Ihre Teamkolleginnen. Wie ist das für Sie?
Überwiegend von Vorteil. Er ist schließlich, neben meiner Mama, der Mensch, der mich am besten kennt. Da redet man ganz anders miteinander. Ich bin sehr froh, dass er es macht.
Inwieweit erhöhen die Weltmeistertitel der Eltern den eigenen Druck?
Ich will aus eigenem Antrieb gewinnen, aber der Spaß darf dabei nicht verloren gehen. Seit ich mit zwölf Jahren mein erstes Rennen gefahren bin, richte ich mein Leben freiwillig auf den Sport aus. Von

Februar bis Juni bin ich jedes Wochenende auf Wettkämpfen oder im Training. Zum Glück sind meine Vereinskolleginnen gleichzeitig meine besten Freundinnen.

Ihre Teamkollegin und Freundin, die Europameisterin Manuela Stöberl, wird bei Einzelkämpfen zur Konkurrentin. Wie gehen Sie damit um?
In den entscheidenden 20 Minuten auf dem Wasser klammern wir das total aus – und in den Teamrennen kämpfen wir zusammen und freuen uns gemeinsam über die Medaillenerfolge.

Vor internationalen Wettkämpfen wie der Europameisterschaft in Slowenien ist die Aufregung vermutlich sehr hoch. Haben Sie ein Mittel oder Ritual dagegen?
Ich bin recht gläubig und bete: ›Lieber Gott, lass mich ein gutes Rennen machen und gut die Strecke bewältigen.‹ Ich zünde auch schon einmal eine Kerze in der Kirche an – und am Abend vor dem Wettkampf hilft ein Schnapserl oder ein Glas Rotwein auf dem Zimmer mit meinen Teamkolleginnen.

Maria Hollerieth: mit allen Wildwassern gewaschen

Maria Hollerieth schultert ihr Kajak, als sei es ein Luftkissen, dabei wiegt es stattliche elf Kilo. Wie die meisten Modelle im Bootshaus an der Innlände wurde es ein paar Meter weiter in Handmanufaktur gebaut: von der Firma Prijon. Seit über 50 Jahren prägt das Rosenheimer Unternehmen die Kajakszene. »Auch viele Belgier und Italiener fahren Boote aus Rosenheim«, erklärt Hollerieth. »Und die letzte Weltmeisterschaft hat eine Französin in einem Prijon-Kajak gewonnen.« Die Prijons wissen, worauf es ankommt: Der über 80-jährige Firmengründer Anton, genannt Toni, ist eine Kajaklegende. Als Jugendlicher baute er selbst sein erstes Boot und gewann damit Wildwasserrennen, später holte er die Deutsche Meisterschaft

Maria Hollerieth steigt am Innufer in ihr Kajak 16

und den Weltmeistertitel nach Rosenheim. Jahre darauf gewann sein Sohn Toni junior den internationalen Titel – auf demselben französischen Fluss. »Prijon und der Rosenheimer Kajak-Klub gehören zusammen«, sagt Hollerieth und setzt ihr Trainingsboot auf den Inn.

Genau dies ist der Moment, in dem sich Anfänger oft ihre ›Inntaufe‹ holen, also die Balance verlieren. Profis passiert das nur noch sehr selten. »Ich bin trotzdem vor zwei Jahren reingerutscht und damit zum Lacher geworden«, erinnert sich die Kajakfahrerin schmunzelnd. Sie hält Boot und Paddel gut fest, immerhin kostet beides zusammen mindestens 2.000 Euro. Hollerieth hat ein Trainingsboot und ein Rennboot. Es sind die gleichen Modelle, »aber eines ist für gut.« Spätestens jedes zweite Jahr braucht sie Ersatz, denn das Wildwasser geht schonungslos mit den Sportgeräten um. Wenn sich das Wasser überschlägt und mit sogenannten Walzen angreift wird es gefährlich. »Da holt man sich schon den einen oder anderen blauen Fleck«, beschreibt die Rosenheimerin die Situation. Das Gewässer ist immer unberechenbar und seine Konsistenz entscheidend. »Wenn ich von hartem Wasser auf weiches wechsle, bekomme ich Blasen beim Paddeln«, sagt Hollerieth.

Der Inn hat ein sehr hartes Nass, aber heute zeigt er sich von seiner weichen, sanften Seite: Die Sonne betont seine Grüntöne, die Oberfläche entspannt sich wellenlos im Licht und das Ufer bildet eine Traumkulisse. So macht Paddeln Freude. »›Rudern‹ zu sagen, wäre ein böses Foul! Beim Rudern schaut man nach hinten, wir Paddler schauen nach vorne. Wir sind Optimisten.«

INNUFER
KAJAK-KLUB ROSENHEIM
INNLÄNDE 6
83022 ROSENHEIM
WWW.KAJAK-KLUB-ROSENHEIM.DE

Pazifismus und Lebensfreude
Rolf Märkl in seinem Atelier in der Eichendorffstraße

Sein Atelier steht in Rosenheim, seine Skulpturen in ganz Deutschland, sein Renommee reicht über die Landesgrenzen hinaus: Der Bildhauer und Maler Rolf Märkl ist der bekannteste Künstler seiner Heimatstadt. 2012 wurde ihm der Oberbayrische Kulturpreis verliehen.

Erika Thimel: Wie haben Sie Ihre Passion entdeckt?
Rolf Märkl: Meine Schule, das Rosenheimer Finsterwald-Gymnasium, wurde 1944 bombardiert. Als der Unterricht nach Kriegsende wieder losgehen sollte, wollte ich nicht mehr ins Klassenzimmer, sondern ins Atelier: Ich hatte mich für die Holzbildhauerei entschieden und lernte hier in Rosenheim beim Ehepaar Kling. In München habe ich schließlich die erste Gesellenprüfung abgelegt, aber nach der Währungsreform wollte keiner mehr geschnitzte Madonnen kaufen. Mein Vater meinte, ich solle eine Ausbildung als Steinbildhauer anschließen, die könne man immer gebrauchen.

Ihr Vater war Beamter. Woher kam sein Verständnis für Ihren Schulabbruch und die Bildhauerei?
Meine beiden älteren Brüder waren im Krieg gefallen, deshalb war er sehr nachsichtig mit mir. Sonst hätte er mir sicher nicht erlaubt, ohne Abitur von der Schule zu gehen und mich der Kunst zuzuwenden.

Joseph Beuys behauptet: ›Jeder Mensch ist ein Künstler.‹ Hat er recht?
Beuys wollte ausdrücken, dass jeder schöpferisch sein kann. Leider hat er damit eine furchtbare Landplage ausgelöst: Überall reißen sich jetzt selbst ernannte Künstler mit Geld und Beziehungen Galerien unter den Nagel und publizieren eigene Ausstellungskataloge. Die lassen sich feiern, sobald sie drei Obstkisten aufeinandergestapelt haben. Der Beuys-Spruch und die heutige Tendenz zur Konzeptkunst fördern diesen Ehrgeiz.

Was macht in Ihren Augen wahre Kunst aus?
Jedes gute bildnerische Werk hat eine innere Gesetzmäßigkeit und eine eigene Ausstrahlung. Damit hält es seiner Zeit stand und überdauert sie. Heutzutage werden Kunstwerke dem jeweiligen Ausstel-

Rolf Märkl: »Wenn ich male oder an einer Plastik arbeite, bin ich ein glücklicher Mensch«

lungsraum angepasst, dadurch sind sie im höchsten Fall dekorativ und immer kurzlebig.

Kunst gilt als Ausdruck ihrer Zeit. Woran leidet sie im Moment?

An einem Publikum, das nicht mehr anspruchsvoll ist, sondern unterhalten werden will. Da wird ein Holzblock mit der Kettensäge malträtiert und zum Objekt erklärt und harmlose Eisfiguren zu großen Skulpturen. Die Kunst hat ein Bildungsproblem, es mangelt ihr an geistiger Resonanzfläche. Kein Wunder, da die Menschen mit Reizen überflutet werden, wenn sie sich nicht gerade selbst bespiegeln. Heute kann sich nur behaupten, was ständig präsent ist.

Welche Zeit erscheint Ihnen rückblickend gehaltvoller?

Wir leben in einem eher wissenschaftlichen Zeitalter. Die künstlerischen Epochen liegen hinter uns, aber je weiter wir zurückblicken, umso monumentaler wird die Kunst. Heute können wir vor diesen Werken nur noch im Boden versinken. Jeder Steinmetz, der an einem Dom mitgearbeitet hat, war ein Künstler und erhöhte ihn durch seine geistige Potenz.

Was können Sie Gutes über die moderne Zeit sagen?

Es gab Picasso. Er allein hätte genügt, um unsere Zeit zu repräsentieren. Aber auch in Deutschland entstanden im 20. Jahrhundert große Werke. Später drängten sich vordergründige, spekulative Kunstexporte aus Amerika und die digitale, massive Bilderflut in die Ernsthaftigkeit und Ehrlichkeit der bildenden Kunst.

Deutschland hat mit der Neuen Leipziger Schule und Künstlern wie Neo Rauch international einen Akzent gesetzt. Wie gefällt Ihnen diese Entwicklung?

Rolf Märkl in seinem Atelier in der Eichendorffstraße

Die Hälfte des Erfolges beruht auf Marketing. Neo Rauch malt zwar sehr pedantisch, aber vom Ergebnis schlafen einem die Füße ein. Von einem alten Surrealisten wie Max Ernst wird man dagegen aufgeweckt. Natürlich muss festgehalten werden, dass die Künstler aus der früheren DDR dankenswerterweise den Westen mit gegenständlicher Kunst überschwemmt haben: Es ist ihr Verdienst, dass wieder gegenständlich gemalt werden darf, nach 1945 konzentrierten sich Kritiker und Galeristen auf gegenstandslose Kunst.

Abgesehen von Ihren Aktzeichnungen tendieren Sie mit Ihrer eigenen Malerei zum Surrealen. Wie entstehen diese Werke, als Vorstellung im Kopf oder im Schaffensprozess?

Alle meine Arbeiten entstehen während des Schaffensprozesses, der natürlich vom Kunstverstand kontrolliert wird. Die künstlerischen Ausdrucksmittel bewirken dabei sicherlich manchmal einen etwas surrealen Eindruck, was ich aber nie angestrebt habe. Wenn ich male oder an einer Plastik arbeite, bin ich ein glücklicher Mensch.

Vor der städtischen Galerie in Rosenheim steht Ihre Skulptur des heiligen Sebastian mit einem Ausdruck tiefsten Schmerzes.

Er ist ein einziger Aufschrei. Ich habe ihn als pazifistisches Kriegerdenkmal gemacht und gehofft, die Rosenheimer würden an den Heldengedenktagen dort hingehen. Das Pendant zum ›St. Sebastian‹ steht im Salingarten: die ›Große Stehende‹ – sie ist nackt und sehr weiblich, lebensvoll geformt. Die Figuren sind zur selben Zeit entstanden und stellen die beiden Pole dar, die mich damals beherrschten, nämlich Pazifismus und Lebensfreude. Sie sind übrigens in meinem Atelier in Westfalen entstanden, wo ich neun Jahre als Kunstlehrer tätig war.

Raum für die Kunst

Worauf achten Sie bei Ihren Skulpturen am meisten?

Sie alle müssen eine Architektur haben und auch Vergrößerungen Stand halten. Doch selbst an den größten Skulpturen gehen die Leute vorbei wie an einem Baum. Das lässt sich sogar in Ausstellungen beobachten: Die Leute rennen auf die Bilder zu und die Plastiken bleiben unbeachtet.

Wollen Sie damit sagen, dass Bilder mehr Aufmerksamkeit auf sich ziehen, obwohl ihnen die dritte Dimension in den Raum hinein fehlt?

Das habe ich tausendmal beobachtet. Farbe wird gesehen, die springt einen sofort an. Ich gebe Ihnen ein gutes Beispiel. Kürzlich habe ich in Rosenheim ein größeres Publikum gefragt: Wer kennt eine überdimensionale Plastik aus Bronze in dieser Stadt? Einer einzigen Frau fiel ›Mensch und Pferd‹ von meinem Lehrer Heinrich Kirchner im Salingarten ein.

Ihre Skulpturen konzentrieren sich im Stillstand.

Seit es die Fotografie, den Film und den Silikonabguss gibt, erübrigt sich die Bewegung in einer Skulptur und man kann wieder mehr auf eine zeitlose, statische Ausdruckskunst zurückgreifen, die den Moment überdauert.

Eine Skulptur Rolf Märkls

Sie arbeiten vorrangig mit Bronze, Holz oder Farbe. Mit welchem Material schaffen sie am liebsten?

Naturmaterialen setzen etwas entgegen, sie haben einen Charakter, der auch in der fertigen Skulptur spürbar bleiben muss. Das Material bestimmt, wie weit man gehen darf. Eine Wachsplatte, aus der eine Skulptur geformt wird, muss man leben lassen. Auf ihr zeichnet sich jede Berührung ab. Meine Reihe der sitzenden Frauen habe ich aus Wachs geformt. Später werden sie in Bronze gegossen. Ich arbeite also im Wachsausschmelzverfahren. Mein Credo lautet bei all meinen Arbeiten: ›Nicht frei von der Tradition, sondern frei in der Tradition‹.

In Ihrem Atelier in der Eichendorffstraße steht zwischen Ihrem Arbeitsmaterial das Klavier von Richard Tauber.

Rolf Märkl in seinem Atelier in der Eichendorffstraße

Singen ist meine Leidenschaft. Meinen Bassbariton schule ich seit Jahrzehnten. Mein Pianist Eduard Fischer begleitet mich wöchentlich an diesem besonderen Klavier.

Sie sangen die Hauptrollen in Opern: in Maxlrain, in Prien und in München. Hätten Sie sich auch für die Musik entscheiden können?

Ja, aber da war ich schon Bildhauer und meine Künstlerkollegen nahmen mir die Musik übel. Die meinen noch jetzt: Der Märkl soll bei der Bildhauerei bleiben und damit Schluss.

Wie passt diese Forderung in das Bild eines weltoffenen Künstlers?

Die Leute sind heute zu engstirnig. Früher war der Begriff des Künstlers weiter gefasst. Barlach hat Gedichte geschrieben, Klee war ein hochmusikalischer Mann und Michelangelo der Universalkünstler schlechthin. Jetzt wird von einem Künstler erwartet, dass er sich auf eine Ausdrucksform konzentriert. Sein Werk soll auf dem Kunstmarkt sofort identifizierbar sein.

Was empfehlen Sie vor diesem Hintergrund Menschen, die Kunst kaufen wollen?

Sie müssen sich verlieben, der Funke muss überspringen. Kunst ist kein Anlageprodukt, sondern soll das Leben reicher machen.

Wie viel Geld braucht man, um einen echten Märkl zu erstehen?

Zwischen 10 und 10.000 Euro. Hauptsache, meine Werke landen nicht zwischen gemalten Wendelsteinpanoramen und Oberammergauer Kitschfiguren. Obwohl eine Aktzeichnung oder eine Skulptur ein gutes Gegengewicht setzen könnten. Kunst strahlt immer auf ihr Umfeld aus.

Frei nach Beuys: Die einzige revolutionäre Kraft ist die Kunst.

Hoffentlich.

ATELIER ROLF MÄRKL
EICHENDORFFSTRASSE 13
83024 ROSENHEIM
WWW.MAERKL-ROLF.DE

Der Moment des Glücks
Herbert Schuch musiziert in der Stadthalle

Er begeistert Musikfreunde in London, Paris und Tokio. Beifallsstürme gehören zu seinem Arbeitsalltag. Nur ganz besondere Bühnenmomente brennen sich in die Erinnerung ein. Seine Auftritte in der Rosenheimer Stadthalle gehören dazu. Hier feierte er seine ersten Erfolge: der Pianist Herbert Schuch.

Noch heute kehrt er gerne an diesen Ausgangspunkt seines Erfolges zurück. Mit dem Orchester des Rosenheimer Ignaz-Günther-Gymnasiums stand er bereits als Elfjähriger auf der Bühne der Stadthalle und setzte seine Vorstellung durch: Er wollte auf dem großen, edlen Steinway-Flügel spielen und nicht auf dem kleinen, angeschlagenen Bösendorfer, der für das Schulensemble bereitstand. Es war die Zeit, in der er in seinen Beruf hineingewachsen ist.

Erika Thimel: Herr Schuch, wie klingt Rosenheim für Sie?
Herbert Schuch: Auf jeden Fall vertraut. Das liegt am Dialekt. Im Bayrischen fühle ich mich daheim, nennen Sie es also ruhig ›Heimatmelodie‹!
Sie zogen als Neunjähriger mit Ihrer Familie von Rumänien nach Bayern und haben heute einen Zweitwohnsitz in Köln. Was verbindet Sie mit den Rosenheimern?
Ich mag den Menschenschlag hier sehr. Die Leute sind gewitzt und erdig, selbst wenn sie granteln.
Umfasst Ihre Sympathie auch bayrisches Liedgut?
Ja, ich bewundere Volksmusik, vor allem wenn sie so gut gemacht ist, wie die von der ›Biermösl Blosn‹. Die sind unglaublich kreativ.
Sie spielen beruflich Klassik. Was hören Sie privat?
Zu 90 Prozent Musik, die mit meiner Arbeit verbunden ist, aber ich mag auch den James-Bond-Song von Adele.
Warum haben Sie sich ausgerechnet für das Klavier entschieden?
An dem Instrument habe ich mich sofort zu Hause gefühlt. Klavierspielen ist ein Teil von mir geworden. Eine Leidenschaft für Alternativen habe ich nie entwickelt.

Herbert Schuch: »Irgendwann beginnt die Musik mit dir zu sprechen«

Sie waren sechs Jahre, als Ihr Vater Sie und Ihren Bruder an die Tasten setzte. Was macht Ihr Bruder jetzt?
Er ist Professor für Physik und bändigt Quanten. Meine Familie ist äußerst naturwissenschaftlich veranlagt.
Gab es Momente, in denen Sie Ihre Passion aufgeben wollten?
Nein. Nie. Mein eigener Antrieb war immer stark ausgeprägt.

Diese Leidenschaft will Schuch weitergeben, deshalb engagiert er sich für die Organisation ›Rhapsodie in School‹. Sie wurde 1995 vom Pianisten Lars Vogt auf der Idee gegründet, dass professionelle Musiker Schulkinder mit ihrer Begeisterung anstecken sollen. Für seine Stadt Rosenheim geht Schuch sogar noch einen Schritt weiter: An seiner ehemaligen Schule, dem Ignaz-Günther-Gymnasium, hat er sogar den Nachwuchs unterrichtet.

Sie spielen in der ersten Liga, geben Konzerte unter anderem mit dem London Philharmonic Orchestra und bejubelte Soloauftritte. Wie verstehen Sie Ihre Rolle als Pianist?
Die Musik will ihre Inhalte mit allen Menschen teilen. Ich habe das Handwerkszeug und übernehme die Aufgabe. Je mehr ich mich dabei in die Stücke vertiefe, desto intensiver kann ich ihre Botschaft rüberbringen. Dieser Prozess fordert Einfühlungsvermögen, weil ich die

Herbert Schuch musiziert in der Stadthalle

Strukturen eines Komponisten erschließen muss. Musik ist eine sehr emotionale Kunst. Nur wer versteht, was das Stück vermitteln soll, kann es ausdrücken.

Bedeutet das, Sie müssen den Komponisten verstehen, um sein Stück richtig zu interpretieren?
Zu wissen, wie Komponisten waren, hilft. Zwingend notwendig ist es aber nicht, weil irgendwann die Musik mit dir zu sprechen beginnt. Das ist immer wieder ein magischer Moment.

Wie viel Spielraum hat ein Pianist?
Es gibt in gewisser Weise wenige Möglichkeiten, denn die Noten sind ja da, aber in dieser Genauigkeit liegt wiederum eine unglaubliche Vielfalt an Nuancen.

Komponieren Sie selbst?
Ich hatte eine Phase während meines Vorstudiums in Salzburg. Ich habe es dann wieder gelassen, weil ich gemerkt habe, dass es nicht relevant ist – verglichen mit der Musik, die ich den ganzen Tag gespielt habe.

Sie spielen unter anderem Bach, Schubert, Ravel und Beethoven. Gibt es ein übernatürliches Moment in Ihrer Musik?
Bei wirklich großen Komponisten stehen wir immer vor dem Rätsel, wie es möglich war, diese Werke zu erschaffen, obwohl sich die Notensetzung analysieren lässt. Vergleicht man allerdings die Phrase eines mittelmäßigen Komponisten mit einer von Mozart, erkennt man, dass Mozart nie regelmäßig ist. Er setzt zwei Takte zu viel oder zu wenig und meistens sind es genau diese zwei Takte, die seine Musik interessant machen. Das ist vergleichbar mit der Malerei. Bilder, die der Schulkunst entsprechend perfekt gestaltet sind, wirken oft langweilig.

Woran erkennen Sie große Musik?
Große Musik ist nie kitschig, sondern durch und durch authentisch und ehrlich.

Welche Werke spielen Sie am liebsten?
Die, bei denen das Scheitern immer ganz nahe ist. Stücke, die sich nicht abschließen lassen, weil sie so unendlich sind.

Was finden Sie in diesen Stücken?

Den Moment des Glücks: Wenn es mir gelingt, ein Stück so zu spielen, wie es sein muss, wenn sich sein Sinn mir und anderen erschließt. In diesem Augenblick spüre ich: Jetzt habe ich es erwischt – gemeinsam mit dem Publikum. Wunderbar!
Lässt sich dieser Moment erzwingen?
Daran möchte ich glauben. Es erfordert allerdings, dass zwischen dem Stück und seinem Spieler eine Einheit besteht. Diese kann sich nur dann ergeben, wenn der Musiker das Stück in all seinen Körperfasern gespeichert hat – und es dauert wirklich lange, bis es so weit ist.
Ist das eher eine technische oder emotionale Frage?
Das lässt sich nicht trennen. Was man emotional erfasst, muss man auch ausdrücken können, ohne Reibungsverluste. Die körperliche Umsetzung dessen, was man spürt, ist unglaublich komplex: Der Weg von der inneren Wahrnehmung über die Finger zu den Tasten ist extrem anspruchsvoll.
Sie geben im Schnitt alle fünf Tage ein Konzert, weltweit. Was ist dabei die größte Herausforderung?
Den Draht zum Publikum zu finden. Es gibt große kulturelle Unterschiede: In Italien dauert es beispielsweise viel länger, bis du bei den Leuten ankommst, weil sie so unruhig sind. Sie reagieren extrem unterschiedlich auf die verschiedenen Musikstile. Am meisten scheint ihnen die Oper zu liegen. Da ist es auch egal, wenn man sich während der Ouvertüre noch unterhält, die Arie kommt ja erst in zehn Minuten. *(lacht)* Die Italiener sind so kommunikativ, dass sie sich schwer sofort auf etwas von außen konzentrieren können. In Japan herrscht dagegen Totenstille, weil sich die Menschen aus kultureller Achtsamkeit nicht rühren.
Wie erleben Sie die Deutschen im Konzert?
Die Deutschen sind das ideale Publikum: äußerst konzentriert und sehr ruhig. Es ist spürbar *ihre* Musik. Die meisten klassischen Werke sind ja in Deutschland beziehungsweise Mitteleuropa komponiert worden. Hier herrscht eine lange Tradition, die stark präsent ist. Musik entsteht aus einer Art von Identität heraus, die sich bei den deutschen Kompositionen im Mischungsverhältnis zwischen Emotion und Ratio ausdrückt. Es ist genau austariert, eine absolute Einheit. Perfekt.

Herbert Schuch musiziert in der Stadthalle

Wie lässt sich Ihre eigene musikalische Identität beschreiben?
Ich will das, was ich ausdrücken möchte, so deutlich machen, dass es jeder versteht, aber meine Möglichkeiten sind begrenzt. Sobald ich einen Klang auf das Publikum loslasse, verliere ich die Macht über ihn. Der Klang wird in jedem Gehirn etwas anderes auslösen, weil jeder Mensch Musik aufgrund seiner DNA auf einzigartige Weise erlebt.

Welche Stücke sind in Ihrer DNA nicht angelegt?
Es gibt Komponisten, bei denen bekomme ich Zustände. Bei Chopin werde ich immer trübsinnig. Die permanente Melancholie, die sich durch seine Stücke zieht, ist für mich schwer zu ertragen. Da muss ich mich entscheiden: Lass ich mich runterziehen oder lass ich den Komponisten in Ruhe, damit er mich in Ruhe lässt. In Bach, Beethoven, Schubert und Schumann steckt zwar auch enorm viel Leid, aber es ist anders gefiltert. Von diesen Komponisten bekomme ich keine Erschöpfungszustände.

Wozu greifen Sie, wenn Sie sich heiter spielen wollen?
Bach, da gibt es dieses Gottvertrauen, das in den späteren Jahrhunderten in der Musik verloren gegangen ist.

Haben Sie es auch, dieses Gottvertrauen?
Wenn man sich mit Musik beschäftigt, die von einem anderen Planeten zu kommen scheint, ist der Kontakt mit dem Übernatürlichen jeden Tag da. Es wäre absurd zu glauben, dass das alles mit rechten Dingen zugeht.

Schuch steht gedankenversunken vor der Stadthalle. Irgendwann will er hier wieder ein Konzert geben. Aus Verbundenheit mit Rosenheim, weil sein Elternhaus hier steht und vor allem weil er, wie er sagt, auch nach all den Jahren immer wieder gerne zurückkehrt.

STADTHALLE ROSENHEIM
KULTUR + KONGRESSZENTRUM
KUFSTEINER STRASSE 4
83022 ROSENHEIM
WWW.HERBERTSCHUCH.COM

Wir sind alle religiöse Wesen
Pfarrer Daniel Reichel in der Kirche Heilig Blut

Lange Prozessionen zogen an den Feldern der heutigen Stadtteile Aising und Happing vorbei. Gebete schallten über den fruchtbaren Boden, den die Einheimischen ›am Wasen‹ nannten. Die Wallfahrer waren ihrem Ziel nahe. Vor dem blauen Horizont zeichnete sich eine kleine Steinkirche ab. Hier wollten sie ihren Gott ehren und vor dem neuen Sebastiansaltar niederknien. Hinter ihnen lag eine schwere Zeit: Luther hatte mit der Reformation die Katholische Kirche herausgefordert, viele Gläubigen waren auf den Schlachtfeldern des Dreißigjährigen Krieges geendet und die Pest hatte Städte und Landstriche leer gewütet. Jetzt sollte alles besser werden, dafür beteten sie. Ehrfürchtig betraten die Pilger im 17. Jahrhundert die Kapelle Heilig Blut. Den Grundstein dafür hatte im 15. Jahrhundert ein Landwirt gelegt. Es war der ›Happinger Weissenbauer‹, der neben seinen Einödhof eine Feldkapelle baute und sie dem leidenden Heiland und seinem kostbaren Blut widmete. Schon bald wurde die Kapelle zum Wallfahrtsort, und ein größeres Gotteshaus wurde notwendig. 1802 sollte die Kirche jedoch abgerissen werden. Nach Aufklärung und Säkularisation galt sie als ›entbehrlich‹. Es ist dem blinden Bauern und Drechselergesellen Georg Obermayer zu verdanken, dass Heilig Blut noch steht. Entschlossen packte der Rosenheimer sein selbst gebautes Spinnrad und fuhr damit zu seinem König Maximilian nach München. Der Monarch war von dem handwerklichen Geschick des Blinden so beeindruckt, dass der ihm dessen einzigen Wunsch als Lohn gewährte: den Erhalt der Kirche Heilig Blut. Eine Gedenktafel am Emporenaufgang erinnert noch heute an den einstigen Retter.

Mehr als 200 Jahre später ist aus der kleinen Feldkapelle die Kirche Heilig Blut am Wasen geworden. Der junge Pfarrer Daniel Reichel sitzt in ihrem Innenraum auf einer Holzbank, froh, in Rosenheim und an diesem historischen Ort zu sein. Seit 2010 lebt und arbeitet der gebürtige Augsburger in der Stadt. Seine neue Heimat kannte er bereits aus der Zeit seiner Pastoralkurse in den nahe gelegenen Orten Vogtareuth und Prutting. Als er schließlich in Rosenheim als Pfarrer eingesetzt wurde, wartete bald eine Bewährungsprobe auf ihn: Zwei Jahre nach seinem Amtsantritt sollt er die drei Pfarreien Oberwöhr, Pang und Heilig Blut zusammenführen. Das Ergebnis ist eine Erfolgsgeschichte.

Pfarrer Daniel Reichel: »Viele Jugendliche und Familien kommen in den Gottesdienst«

Erika Thimel: Herr Pfarrer, wie gläubig sind die Rosenheimer?
Daniel Reichel: Der Glaube ist hier sehr präsent, besonders in Traditionen wie Wallfahrten, Fahnenweihen, Fronleichnamsprozessionen und bei den großen Gottesdiensten an Ostern und Weihnachten. Was die aktiven Gläubigen angeht, liegen wir allerdings leicht unter dem bayrischen Durchschnitt, doch das ist normal für städtische Gebiete.
Zu Ihren Gemeinden gehören 10.500 Menschen. Wie viele davon gehen regelmäßig in die Kirche?
Ungefähr zehn Prozent kommen jeden Sonntag zum Gottesdienst.
Immer mehr Menschen treten aus der Kirche aus. Gilt das auch für Ihre Gemeinden?
Wir haben viele Wiedereintritte, während sich die Austritte eingependelt haben. 2012 hatten wir mehr Taufen als Beerdigungen. Insgesamt erleben wir in unseren Gemeinden gerade eine Verjüngung. Viele Jugendliche und junge Familien kommen in den Gottesdienst und richten sich neu auf Gott aus.

Pfarrer Daniel Reichel in der Kirche Heilig Blut

Wie erklären Sie sich die neue Zuwendung der Rosenheimer zur Kirche?
Im Grunde unseres Herzens sind wir religiöse Wesen. Unser Glaube mag manchmal verschüttet sein, weil so vieles auf uns einprasselt, aber er entfaltet sich immer wieder aufs Neue. Gerade junge Eltern wünschen sich, dass Gott die Familie im Blick behält. Sie vertrauen ihm ihre Kinder mit der Taufe an. Sie wollen die große Verantwortung teilen, ihre Freude und ihre Ängste, selbst wenn sie als junge Erwachsene vielleicht keine enge Beziehung zu ihrer Kirche gepflegt haben. Eine Studie belegt, dass viele Getaufte lebenslang der Kirche treu bleiben, indem sie sich ihr in besonderen Phasen, wie bei der Geburt eines Kindes, wieder zuwenden.
Wie reagieren Sie auf diese Gelegenheitsgläubigen?
Es ist wichtig, dass die Kirche in diesen Momenten offen ist. Wir wollen da sein und gut sein. Zu sagen ›Erst wolltet ihr nicht, jetzt wollen wir nicht‹ würde der unendlichen Güte Gottes widersprechen. Wir haben Gläubige, die punktuell durch unsere Kerngemeinde ›schießen‹. Sie sind jederzeit willkommen.
Finden Menschen besonders in Krisenzeiten zu Gott?
Das ist individuell sehr verschieden, aber gerade bei unerwarteten Todesfällen werden Gespräche sehr gerne angenommen. Da spüre ich jedes Mal: Es ist eine Sehnsucht da, sich über die letzten Dinge auszutauschen, aber mit dem Tod konfrontiert man sich nur selten freiwillig. Gerade wenn jemand jung oder unerwartet verstirbt, ist der Zweifel an einem guten Gott sicher sehr nahe.
Zweifel und Wut dürfen da sein. ›Gott, warum passiert mir das jetzt?‹, diese Frage ist verständlich, aber Gott ist keiner, der bestraft.
Wie können Sie die Menschen in dramatischen, extrem traurigen Situationen trösten?
Ich versuche den Menschen zu vermitteln, dass Gott ihnen helfen will, ihren Schmerz auszuhalten. Er hat uns die Freiheit des Lebens gegeben, die Natur der Dinge, er mischt sich nicht ein, aber er ist da und wird dich nie fallen lassen. Er hält uns und trägt uns. So sehe ich Gott.

Das Wort Gottes in Heilig Blut am Wasen

Wie stellen Sie sich das Leben nach dem Tod vor?
Ich stelle es mir schön vor, als einen Zustand der Schmerzfreiheit, des Heilseins. Ich glaube, dass wir im Tod offen werden und sich vieles erschließt. Ich glaube, wir leben weiter bei Gott, in einer anderen Form. In der Seele spüren wir das auch. Vielleicht werden wir ganz frei.

Biologen haben andere Argumente. Die Seele lässt sich nicht beweisen.
Der Wissenschaftler kann die letzten Regungen eines Körpers nachvollziehen, aber er weiß nicht, was danach passiert. Er sieht nicht, wie die Seele entschwebt.

Je höher der Bildungsstand, umso geringer ist oft der Glaube. Welche Argumente bleiben der Kirche?
Der gebildete, aufgeklärte Mensch möchte alles beweisen können, aber das ist im Glauben nicht möglich. Trotzdem finden wir in unserer Theologie viele Gottesbeweise. Der stärkste ist unsere Existenz selbst. Und es gibt die Wunder, auch wenn sie oft belächelt werden, aber eine unerwartete Heilung nach einer Handauflegung des Papstes ist eine Tatsache.

Die Kraft des Glaubens wirkt, das ist wissenschaftlich erwiesen, der Placeboeffekt allerdings auch.
Gläubige Menschen leben erwiesenermaßen gesünder, aber der Glaube verlangt Vertrauen in Gott: Was kein Auge gesehen und kein Ohr gehört hat, das sollen wir glauben und erst in der Ewigkeit wird es sich erweisen. Wir Christen glauben, dass Jesus im eucharistischen Brot gegenwärtig ist. Ich kann natürlich auch sagen: ›Das ist nur ein Stück Brot, aber dann geht meine Suche nach Gott weiter.‹

Die Kirche ist als Religion auf der Erde entstanden und damit vom Menschen begründet worden. Wie bewerten Sie diese Tatsache?
Wir leben aus der Bibel und sie ist Gottes Wort in Menschenworten. Natürlich ist da viel Menschliches drin, weil es Menschen waren, die ihre Erlebnisse mit Gott und Jesus aufgeschrieben haben, aber ich sehe die Kirche nicht als eine Erfindung des Menschen, sonst hätten wir nicht mehr als 2000 Jahre überlebt. Das muss getragen sein.

Pfarrer Daniel Reichel in der Kirche Heilig Blut

Sie sind Erzieher geworden, bevor Sie sich für Ihren Beruf entschieden haben. Würde Ihnen eine Kirche ohne Zölibat und dafür mit der Möglichkeit einer Familie für Pfarrer nicht besser gefallen?
Das Zölibat hat sich über die Jahre hinweg auf eine gute Art etabliert, auch wenn das von außen schwer zu verstehen sein mag. Natürlich verzichtet man auf viel, auch auf den Fortbestand seiner selbst, was grundangelegt ist im Menschen, aber dafür habe ich durch das Zölibat viele Freiheiten und kann mich auf meine Arbeit konzentrieren.
Bei den Protestanten funktioniert es doch auch. Sie könnten als Vorbild dienen.
Ich bin trotzdem gespalten in der Frage des Zölibats, uneinig mit mir selbst, also überlasse ich die Entscheidung gerne anderen.
Was würden Sie ändern, um Ihrer Kirche die Gläubigen zu erhalten?
Vielleicht müssen wir besser kommunizieren, dass wir bereits in einer sehr modernen Kirche leben, ein gutes Beispiel sind die Gottesdienste, die wir inzwischen feiern. Gleichzeitig müssen wir noch mehr die Menschen und die Schnelllebigkeit unserer Zeit im Blick haben und rascher reagieren. Doch Heilig Blut ist der beste Beweis, dass der Glaube auch heute unter uns sehr stark ist.

Noch immer ist die Pfarrkirche das Ziel von Wallfahrern. Besonders Gebirgsschützen aus Bayern und Österreich ziehen zu dem Sebastiansaltar mit den sieben Gemälden. Ihr Ziel hat sich in den vergangenen Jahrhunderten nicht verändert und noch immer schallen Gebete über den fruchtbaren Boden am Wasen.

PFARRKIRCHE HEILIG BLUT AM WASEN
HEILIG-BLUT-STRASSE 43
83026 ROSENHEIM
WWW.KIRCHENAMWASEN.DE

Eine nackte Tatsache mit Hut
Bernd Bechtold schnitzt in der Äußeren Münchener Straße

Heilige sind besonders schwierig. Sie verlangen nach einer überirdischen Ausstrahlung und müssen gleichzeitig realistisch erscheinen. Bernd Bechtold kann damit umgehen. Er gibt Heiligen ein Gesicht und ihren Mänteln Falten. Wenn er mit seiner Arbeit fertig ist, hat er ein Kunstwerk aus Holz geschaffen. Es gibt nicht mehr viele, die das können.

»Mein Vater Klaus und ich sind die Letzten unserer Art im Kreis Rosenheim«, erklärt Bechtold in seiner Schnitzereiwerkstatt in der Äußeren Münchener Straße. Wer von Kolbermoor nach Rosenheim fährt, kommt am Holzhaus an der großen Kreuzung vorbei. Hier oder am traditionellen Bechtold-Stand auf dem Christkindlmarkt kaufen die Rosenheimer ihre Weihnachtsfiguren. »Josef, Maria und das Jesuskind gehen immer, auch im Hochsommer«, erzählt der Juniorchef des Familienbetriebs.

Trotzdem gehört der Star im Laden nicht zum Krippenensemble. Dafür fehlt es ihm an Ernsthaftigkeit, denn er ist frech und respektlos. Obendrein ist er keck gekleidet, allerdings nur mit einem Hut. Der Rest sind nackte Tatsachen. Es ist der ›Rotter Engel‹, im Original von Ignaz Günther für die Klosterkirche in Rott geschaffen, eine der kostbarsten Rokokobauten Bayerns, wenige Kilometer von Rosenheim entfernt. Bechtold nimmt eine Replik des Engels von der Wand. »Seinen roten Hut mit den Quasten hat er dem Kardinal gestohlen.« Für diese Frechheit lieben ihn die Rosenheimer. Für viele gehört er zum Inventar: Der ›Rotter Engel‹ ist in Rosenheimer Küchen und Wohnzimmern zu Hause. »Rott ist nicht weit. Die meisten kennen ihren Mitbewohner aus der Kirche«, sagt Bechtold. Sein Engel verdreht die Augen. Das ist typisch für ihn!

HOLZSCHNITZEREI GESCHENKE BECHTOLD
ÄUSSERE MÜNCHENER STRASSE 47
83026 ROSENHEIM
WWW.HOLZSCHNITZEREI-BECHTOLD.DE

Allhier ist gesund und lustig wohnen
Der Unternehmergeist spukt durchs Städtische Museum

Er hat einen langen Weg durch Raum und Zeit hinter sich – und wenn er sich daran erinnern möchte, geistert er durchs Städtische Museum am Mittertor. Öffnungszeiten sind für ihn kein Thema, denn er ist unsichtbar. Trotzdem ist er das einflussreichste Wesen von ganz Rosenheim. Mit seiner Kraft entwickelte sich der Ort von einer römischen Siedlung zum wirtschaftlichen Zentrum Südostbayerns. Er ist der Unternehmergeist höchstpersönlich.

Seinen ersten Einsatz hatte er bei den Römern. Er motivierte im 15. Jahrhundert v. Chr. die Feldherren Drusus und Tiberius, über Stock, Stein und die Alpen zu marschieren. Ihre Truppen siegten und sie gründeten die Provinzen Raetien und Noricum. Der Inn grenzte die eine von der anderen ab. An seinem Ufer verlief eine Straße von den Alpen bis hoch in den Norden. An diesem Verkehrsknotenpunkt entstand dann im 1. Jahrhundert n. Chr. die Siedlung Pons Aeni (Innbrücke), fünf Kilometer nördlich vom heutigen Rosenheim. »Da war was los«, erinnert sich der Unternehmergeist: Läden, Töpfereien, Amtsstuben, Schiffsunternehmen, Bordelle ... die Bajuwaren freuten sich, als sie das Gebiet in Besitz nahmen.

Zeit für die Taufe – aber vermutlich ist der gute Geist der Einzige, der wirklich weiß, wie Rosenheim zu seinem Namen kam. Alle anderen können nur Theorien entwickeln. Zum Beispiel, dass ein Wasserburger Graf namens Konrad, dessen Wappen eine Rose zierte, sich einst auf dem heutigen Schlossberg eine Festung baute. 1234 wurde die Burg Rosenheim erstmals erwähnt. Doch möglicherweise war gar nicht die zarte Blume für den Namen verantwortlich, sondern kräftige Rösser, die im Mittelalter die Schiffe innaufwärts zogen. Die pferdestarke These, dass ›Rosenheim‹ eine Ableitung von ›Rossenheim‹ ist, stützt der Straßenzug ›Am Rossacker‹. Vielleicht war aber auch die Verwandtschaft mit den alten Worten für ›Sumpf‹ ausschlaggebend, nämlich ›Roas‹ oder ›Roze‹. Die hübscheste Geschichte jedoch erzählt von schönen Mädchen und Frauen, seinerzeit als ›Rosen‹ bezeichnet. Innschiffer schwärmten von der ›Heimat

Die Schiffszüge brachten Wohlstand nach Rosenheim

der Rosen‹, woraus sich der heutige Stadtname entwickelt haben soll. Allerdings lässt eine andere Sage vermuten, dass diese Rosen käuflich gewesen sein könnten …

»Das würde ja bedeuten, dass Rosenheim seinen Namen der Prostitution verdankt«, empört sich der Unternehmergeist, der streng auf das Image seiner Stadt achtet.

Deshalb erinnert er an die Version, die etymologischen Wurzeln des Ortes seien die wilden Rosen, die einst ganz besonders zahlreich auf seinem Boden wuchsen. Die Blütenpracht war ein Gastgeschenk der Römer, die mit ihren Lieblingsblumen die Alpen überquerten, um sie unter anderem auf ihre Betten zu streuen.

Schon in diesen frühen Zeiten gesellte sich die Lebensfreude zum Unternehmergeist, der sie herzlich in die Arme schloss. Zusammen entwickelten sie Rosenheim zu einem der größten und bedeutendsten Handelsplätze Bayerns. Das Privileg des Marktrechts erhielt der Ort 1328. Auf dem Siegel prangte eine Rose.

»Geschäfte machen war hier eben schon immer eine attraktive Angelegenheit«, jubiliert die Lebensfreude. »Schade nur, dass das Zentrum nicht direkt an den Inn gebaut ist, wie bei vergleichbaren Orten.«

»Erstens gibt keine vergleichbaren Städte«, weist sie der Unternehmergeist zurecht, »zweitens war das Gelände an der Innbrücke zu sumpfig, um es zu bebauen. Und zwar wegen der Mangfall-Mündung!«

Rosenheim entwickelte sich dennoch prächtig, weil auf dem Fluss alles Wichtige transportiert wurde: Seide und Salz, Vieh und Waffen. Der Warenstrom floss von Hall in Tirol den Inn hinab zur

Der Unternehmergeist spukt durchs Städtische Museum   21

Donau, bis nach Wien und Budapest. Die Schiffe brachten Wohlstand, und auf dem Land sorgte eine alte Ost-West-Trasse am nördlichen Alpenrand zusätzlich für gute Geschäftsverbindungen. Der Unternehmergeist profitierte von der verkehrsgünstigen Lage, aber vor Krieg und Schicksalsschlägen war auch er nicht gefeit. Im 17. Jahrhundert wurde seine Erfolgsgeschichte von dunklen Kapiteln unterbrochen. Der Dreißigjährige Krieg forderte von 1618 bis 1648 seine Opfer, eine Pestepidemie zog durch die Stadt und ein Marktbrand wütete den Ortskern nieder. Mithilfe des Unternehmergeistes und seiner Partnerin der Lebensfreude erholten sich jedoch die Rosenheimer davon. ›Allhier ist gesund und lustig wohnen‹, schwärmte Michael Wening, der zu Lebzeiten, 1645 bis 1718, als namhafter bayrischer Kupferstecher galt. Sein Urteil hat bis heute Gültigkeit.

»Lebensqualität gehört zum Kern der Stadt. Sie ist in der DNA Rosenheims verankert«, erklärt der gute Geist stolz und freut sich, dass seine Heimat obendrein gut aussieht.

Ihre Attraktivität verdankt die Stadt den Bauherren des Mittelalters und den strategischen Marktgründungen des Adelsgeschlechts der Wittelsbacher. »Innerhalb von 150 Jahren gründeten sie rund 80 städtische Siedlungen, um ihre wirtschaftliche und territoriale Macht zu stärken«, weiß der Rosenheimer Heimatpfleger in der Chronik ›Rosenheim – Geschichte und Kultur‹ zu berichten.

»Erinnerst du dich noch an den Weidacher?«, fragt die Lebenslust den Unternehmergeist.

»Ja, freilich!«, sagt der Unternehmergeist. »Der war im 17. Jahrhundert einer der Reichsten und Mächtigsten in Rosenheim.«

»Und was der alles für schöne Sachen gehabt hat …«, schwärmt die Lebenslust.

Der Unternehmergeist weiß es ganz genau, denn Weidachers Besitz wurde nach seinem Tod Stück für Stück aufs Papier gebracht. Stolz geht er die Inventarliste durch: »Im Erdgeschoss hatte er neun Tonkrüge mit Zinndeckel, zwei Degen, Pistolen, ein Himmelbett und einen Altar.«

»Tolle Kombination«, grinst seine Partnerin.

»Gekocht wurde über dem offenen Feuer«, fährt der Geist fort und zwinkert ihr zu. Dann protzt er mit 19 Pfannen aus Kupfer, Messing und Eisen, die Weidacher hinterlassen hatte. »Das Beste aber war das Bad, mit einem kupfernen Wassergrand und zwei Kesseln.«

»Von wegen, das Bad war das Beste. Der Mann hatte so viel Silber im Haus, dass sie neun Seiten gebraucht haben, um das ganze Geschirr und Besteck zu verzeichnen.«

»Und weißt, was mit dem Erbe passiert ist?«, fragt der Unternehmergeist erwartungsvoll, um dann gleich selbst zu antworten: »Der Sohn Sebastian hat es kräftig vermehrt.«

»Soll auch ein schlauer Kerl gewesen sein«, meint die Lebenslust. »Er hat in Kunst investiert und in Wissen. Fesch war er auch. Immer gut gekleidet!« Sie erinnert sich, dass die lange Aufstellung seiner Hosen, Hemden und Jacken erst nach sechs Seiten endete – und damals ging man mit Papier sparsam um.

»Willst du denn gar nicht wissen, warum der Weidacher so viel hatte?«, fragt der Unternehmergeist.

»Ja, mei«, sagt sie. »Eigentlich interessiert mich mehr, was jemand mit dem Geld macht, schließlich bin ich fürs Vergnügen zuständig! Aber gut, sag schon.«

»Immobilien natürlich!« erklärt er. »Die haben sich in Rosenheim schon immer gelohnt. Damit konnte der Weidacher sogar die wirtschaftlich schweren Zeiten überstehen.«

Ausstellungsstücke des Städtischen Museums

»Die Leut hier haben sich halt noch nie unterkriegen lassen«, schließt die Lebenslust.

Nur die Franzosen haben die Rosenheimer kurzfristig besiegt. Im Dezember 1800 plünderten sie sich durch die Stadt und erst zu Weihnachten standen die Waffen still. Bayern löste die Misere mit einem geheimen Schutz- und Trutzbündnis, und im dritten Koalitionskrieg war das Land auf der Seite Napoleons und damit auf der Siegerseite.

Der Unternehmergeist spukt durchs Städtische Museum

»Die hübschen französischen Wörter in unserem Dialekt erinnern an diese Zeit«, erklärt die Lebenslust.

»Na, merci dir!«, antwortet der Unternehmergeist schelmisch.

»Jetzt pressiert es aber!« Er will unbedingt noch von der Saline erzählen, der Eisenbahn und der Stadterhebung …

»Ach, schenk dir doch die Salzgeschichte und den Bahnhofszirkus!«, entgegnet die Lebensfreude. »Hier weiß doch eh jeder, dass die Saline ein technisches Meisterwerk war, der Bahnhof ein ›Knotenpunkt von europäischem Rang‹ und die Stadterhebung 1864 durch König Ludwig II. höchst angemessen.«

Sie hakt sich bei ihrem Begleiter ein und will aufs Herbstfest ziehen, aber der Unternehmergeist spielt einen Trumpf aus: »Die Stadterhebung war eine einzige große Sause, die mit der Wiesn durchaus mithalten konnte.«

»Stimmt! Musik, Schauturnen, Freibier und am Abend strahlte der Ort in einem Lichtermeer. Mei, war das schön!«

»Gut, dass wir die Stadt durch alle Zeiten begleitet haben«, sagt der Unternehmergeist zufrieden und umarmt die Lebenslust. »Wir zwei sind eben echte Rosenheimer!«

Am Mittertor zieht ein laues Lüftchen auf und wärmt sich in der Mittagssonne. Der Unternehmergeist hält inne und genießt zusammen mit der Lebensfreude einen kurzen Augenblick die frische Brise. Die beiden haben noch viel vor.

STÄDTISCHES MUSEUM
LUDWIGSPLATZ 26
83022 ROSENHEIM
WWW.MUSEUM.ROSENHEIM.DE

Aus eigener Kraft emporgestiegen
Thomas Gillitzer beeindruckt mit seinem Häuserblock

Alle waren eingeladen worden und die meisten waren gekommen. Sie wollten dabei sein, als der ›Zuagroaste‹ Thomas Gillitzer am 19. März 1897 sein Hotel ›Deutscher Kaiser‹ eröffnete. Allein schon die weltstädtische Fassade war eine Sensation im noch ländlichen Rosenheim. Eine Unterhaltung zweier Dienstmädchen über das Großereignis der damaligen Gründerzeit kann man sich heute noch gut vorstellen.

»Resi, diese Häuser könnten auch in München oder Berlin stehen.«
»Wie hat der Gillitzer sich das bloß leisten können?«
»Seine Fischzucht wirft sicher was ab. 1,5 Millionen Eier werden jährlich erbrütet und in alle Himmelsrichtungen verschickt, sagt man.«
»Du kennst dich aber aus, Zenzi.«
»Die Obstbäume darfst du auch nicht vergessen. 20.000 hat er am Gut Innleiten pflanzen lassen. Man sagt, sein Anwesen sei ein wahres Paradies.«
»Dafür ist das hier ein Protzbau.«
»Ein ›mustergültiges Hotel für alle‹ soll es sein, heißt es.«
»Für alle 14.000 Rosenheimer?«
»Ach Resi!« Die junge Frau schweigt beleidigt, dann flüstert sie ihrer Freundin zu: »Fesch ist er und so gesellig, sagt man.«
»50 Jahre alt und seiner Familie zugetan, weiß man.«
»Ich bewerbe mich trotzdem als Zimmermädchen.«
»Geh, Zenzi, bist narrisch!«
»Auf geht's, Resi, gehen wir rein.«

Die Wirtschaft blühte. Gillitzer gehörte zu den Gewinnern. Er prägte Rosenheim wie kein anderer seiner Zeit. Seine Bauwerke veränderten das Stadtbild und sein Hotel die Stadtgespräche. Gillitzer wurde 1847 in einer Wirtsfamilie im Oberpfälzer Wald geboren. Nach einer Metzgerlehre in München stieg er als Kellner in die Gastronomie ein und bildete sich in den folgenden Jahren in England, der Schweiz und in Frankreich weiter, unter anderem als Sommelier im ›Grand Hôtel du Louvre‹ in

Paris. Zurück in München kaufte er ein Hotel am heutigen Maximiliansplatz, hielt um die Hand der schönen Rosa Stulberger an und zog mit ihr 1895 nach Rosenheim. Von da an bestimmte er die Nachrichten im Ort. Der Rosenheimer Anzeiger berichtet im Juli 1896: ›Der teuerste Bauplatz, welcher seit langer Zeit in Rosenheim abgegeben wurde, ist gestern in den Besitz des Rentier Thomas Gillitzer gelangt.‹ Der Unternehmer brauchte viel Raum für sein Projekt. Es war Teil seiner Vision: Er wollte ein Ensemble aus 15 Wohn- und Geschäftshäusern errichten. Eine Vorstellung, was in der Architektur möglich war, hatte er aus Paris mitgebracht. ›Der Neubau wird ein Hotel ersten Ranges mit äußerst schmucker Fassade und reicher innerer Dekoration, ausgestattet mit elegantestem Komfort, welcher sich in jeder Hinsicht auf die Höhe der Zeit stellen wird‹, begeisterte sich der Rosenheimer Anzeiger.

Zensi, Resi und all die anderen bekamen am Eröffnungstag viel geboten: Elektrisches Licht, verteilt über 900 Glühlampen, einen elektrisch betriebenen Aufzug, 60 komfortable Zimmer und einen prächtigen Festsaal. Dieser wurde schnell zum kulturellen Zentrum der Stadt. Der Hotelier ließ Militärkapellen aufspielen, brachte amerikanischen Schwung mit afroamerikanischen Musikern aus Nashville in sein Haus und gab dem ›Rosenheimer Volkstheater‹ eine neue Bühne. Gillitzers Unternehmergeist beeindruckte auch den bayrischen Prinzregenten Luitpold. Bei einem Treffen mit Rosenheims Bürgermeister Josef Wüst erkundigte er sich »nach dem Befinden Gillitzers.« Der Selfmademan war gesellschaftlich in die erste Liga aufgestiegen – und stand kurz vor seinem Absturz.

»Schlecht schaut er aus, Zenzi. Ist er krank?«
»Sorgen hat er halt. Er hat nur zwei von seinen 15 Häuser verkaufen können.«
»Es heißt, er hat finanzielle Schwierigkeiten, weil er sein ganzes Vermögen in den Bau gesteckt hat.«
»Resi, er hat unser Stadtbild verändert. Es gibt kaum eine Rosenheim-Postkarte ohne den Gillitzerblock. Wir haben ihm viel zu verdanken.«

Thomas Gillitzer beeindruckt mit seinem Häuserblock

»Ach Zenzi, du bist ja immer noch verliebt.«
»Und dabei kennt er mich nicht einmal.«

Im März 1903 musste Gillitzer den Betrieb des ›Deutschen Kaisers‹ aufgeben, vermutlich war er schwer krank. Er ließ sich auf einen Immobilientauschhandel ein, um seine Familie abzusichern. Dabei blieb ihm ein Geschäftspartner 130.000 Mark schuldig. Mit diesem unglücklichen Geschäft begann sein Ruin. Im darauffolgenden Jahr eröffnete das Amtsgericht Rosenheim das Konkursverfahren und versteigerte seinen gesamten Besitz.

»Schuld war der Architekt, der Stöhr. Der hat sich total verkalkuliert. Das sag ich dir, Resi.«
»Der war Münchner Maßstäbe gewohnt und der Gillitzer auch.«
»Trotzdem, was der Thomas Gillitzer geschafft hat, ist in unserer Stadt einmalig.«

Die meisten Rosenheimer sahen das genauso. Noch zu seinen Lebzeiten benannten sie die Herzog-Heinrich-Straße in Gillitzerstraße um. Der Unternehmer starb am 10. September 1913 mit 66 Jahren. Selbst mit seinem Tod beherrschte er die Medien. Der Rosenheimer Anzeiger verabschiedete ihn mit den Worten: ›Der Chronist, der einmal Rosenheims Geschichte zu schreiben haben wird, wird nicht gut ohne Würdigung an ihm vorübergehen können. Er war ein Selfmademan in des Wortes richtigster Bedeutung, ein Mann, der aus eigener Kraft von unten emporgestiegen ist.‹

GILLITZERBLOCK
HOTEL DEUTSCHER KAISER
PRINZREGENTENSTRASSE 1
EINST PROMENADESTRASSE
83022 ROSENHEIM

Die Ersten und die Besten
Dieter Vögele erzählt in der Von-der-Tann-Straße

Die Rosenheimer wollen hoch hinaus. Bereits 1877 gründeten Geschäftsleute, Akademiker, Beamte und Geistliche der Stadt in einer Wirtschaft am Schlossberg ihren eigenen Bergsteigerverein. Schon bald gehörten spektakuläre Erstbesteigungen ebenso wie bemerkenswerte Mitglieder zur Historie der Sektion Rosenheim des Deutschen Alpenvereins (DAV). Die Erinnerungen daran hütet heute Dieter Vögele, Ehrenmitglied, Schatzmeister, Chronist und Gipfelstürmer, der für sein großes Engagement 2012 mit dem Bundesverdienstkreuz ausgezeichnet wurde.

In der Geschäftsstelle in der Von-der-Tann-Straße sitzt Vögele vor einer Bücherwand und erzählt die Geschichte des wohl berühmtesten Mitglieds seines Vereins: des Malers Wilhelm Leibl. Dabei hatte der zu Beginn eigentlich gar keine Chance, aufgenommen zu werden, trotz großen internationalen Erfolgs: 1844 als ›kölscher Jung‹ geboren, wurde der Künstler mit Mitte 20 in Paris gefeiert und ausgezeichnet. Die reichen Damen der Metropole standen Schlange, um von ihm porträtiert zu werden. Ruhm und Geld schienen sicher. Doch was machte Leibl? Er wollte in die Natur und floh 1873 ins Rosenheimer Umland und damit in bescheidene Verhältnisse. Hier lebte er als ›armer Künstler‹ und passte somit gar nicht in den elitären Klub der Bergsteiger. Erst als sich ihr Vorsitzender, der kunstsinnige Rosenheimer Arzt Dr. Julius Mayr, 1885 für Leibl verbürgte, durfte sich der Maler anschließen. »Bürgen waren bis in die 60er-Jahre die Voraussetzung, um aufgenommen zu werden«, erzählt Vögele.

Doch trotz der zahlungskräftigen, hochkarätigen Mitglieder mussten die Rosenheimer gleich am Anfang ihrer Vereinsgeschichte eine Niederlage einstecken. Sie hieß Wendelstein. »Dieser Berg stand im Mittelpunkt der Sektionsarbeit und hätte unser Hausberg werden sollen, aber dann haben sich die Münchner vorgedrängt und unsere junge Gruppe war finanziell zu schwach, um mitzuhalten«, berichtet der Chronist. Der erste Vereinsstützpunkt wurde deshalb

Die Schlüssel zum Bergsteigerglück

auf dem Brünnstein in den Bayerischen Voralpen errichtet und am 12. August 1894 feierlich eingeweiht. Um kurz vor 6 Uhr in der Früh begannen die Feierlichkeiten am Bahnhof in Oberaudorf mit ›tüchtigen‹ Klängen. Im Festtagsgewand stieg die Rosenheimer Gruppe auf. Oben knallten Böller, Musikanten spielten, Flaggen wehten im Wind und die Leute tanzten, während Dr. Julius Mayr den ersten Eintrag ins Hüttenbuch schrieb: ›Wer heraufzieht zum felsigen Brünnstein und zu diesem Hause, das im Tannengrün geschmückten Felsen steht, dessen Freude sei nicht minder groß als die des Gipfelstürmers; das Gefühl einer großen Bergfahrt möge ihn heraufführen und die Empfindung des poesievollen Reizes von Bergwald und Alm möge ihn begleiten.‹ In Gedenken an den rührigen Vorstandsvorsitzenden wurde der Weg vom Vereinsstützpunkt zur Bergspitze ›Dr. Julius-Mayr-Steig‹ getauft. Anfang des 20. Jahrhunderts stiegen an schönen Wintersonntagen bis zu 300 Männer und Frauen hinauf. Nach einer Einkehr beim Hüttenwirt rutschten sie mit dem Schlitten wieder bergab. Das Brünnsteinhaus entwickelte sich zu einem Zentrum des Rodelsports – bis nach dem Ersten Weltkrieg Skifahrer die Pisten eroberten.

Zu diesem Zeitpunkt hatte der Alpenverein in Rosenheim jedoch bereits eine andere Sensation: den jungen Franz Xaver Kummer. Der Mann war ein Kletterass. Im Sommer 1926 gelangen ihm und

Dieter Vögele erzählt in der Von-der-Tann-Straße

seinem Bergfreund Emil Solleder sechs spektakuläre Erstbegehungen in den Dolomiten. Im darauffolgenden Jahr wollte Kummer allerdings ohne seinen Kameraden die 2.752 hohe ›Cima della Madonna‹ erobern – und stürzte ab. Er wurde nur 22 Jahre alt.

Nahezu weltweit bekannt wurden die Mitglieder Jörg Lehne und Siegfried ›Sigi‹ Löw, als sie 1958 ebenfalls in den Dolomiten mit knapp 200 Haken eine Route an der Nordwand der ›Großen Zinne‹ erschlossen. Diese ›Direttissima‹, also die kürzeste Verbindung vom Tal zum Gipfel, entlang der Falllinie eines Wassertropfens, wurde zum Ideal der Kletterer – und Lehne und Löw zu Idolen. Letzterer hatte bereits mit zwölf Jahren seine erste schwere Route geschafft. Damals marschierte er von seiner Geburtsstadt Dresden nach Bayern, nachdem sein Vater bei einem Bombenangriff gestorben war und er seine Mutter tot glaubte. Das Kind war drei Wochen unterwegs, bis es endlich ausgehungert und zerlumpt ankam. Pflegeeltern nahmen den jungen Sigi auf, und noch im selben Sommer zog es ihn zusammen mit Jörg Lehne, einem gebürtigen Berliner, in die Berge. 1961 wollten die beiden schließlich gemeinsam den ›Nanga Parbat‹ im Westhimalaya bezwingen. Über die sogenannte ›Diamirflanke‹ stiegen sie bis auf 7.150 Meter, dann blieben sie im Neuschnee stecken und mussten umkehren. Ein Jahr später probierte es Löw mit 30 erneut und setzte damit seinen letzten Meilenstein im Bergsport. Es war ein qualvoller Aufstieg. Seine Füße waren kurz vor dem Gipfel bereits erfroren, aber der technisch schwierigste Teil des Anstiegs war geschafft. Löw erreichte die Bergspitze, doch beim Abstieg verließen ihn seine Kräfte. Er setzte sich hin, rutschte ab und war nicht mehr zu retten. Lehne hingegen durchstieg vier Jahre später die ›Eiger-Nordwand‹ in den Alpen erstmals an der direkten Falllinie, aber auch er blieb in den Bergen: 1969 erschlug ihn beim Lagern vor dem Einstieg ins Mont-Blanc-Massiv eine Steinlawine. Zwei Jahre später unternahm dann Reinhold Messner mit seinem Bruder Günther die ›Sigi-Löw-Gedächtnis-Expedition‹ zum ›Nanga Parbat‹. Der weltberühmte Bergsteiger kam ohne seinen Bruder zurück. Das Drama aus der Sicht des Überlebenden verfilmte der Regisseur Joseph Vilsmaier 2010 – eine Geschichte, die letztendlich mit den zwei Buben Sigi und Jörg in der Rosenheim DAV-Sektion ihren Anfang nahm. »Gute Bergsteiger wurden damals eben gesucht, unter anderem von Dr. Herrligkoffer, der ab den 50er-Jahren die deutschen Himalaya-Expeditionen organisierte«, erzählt der Schatzmeister Vögele.

Einer hat sie fast alle gekannt und überlebt: Georg Haider. Das Rosenheimer Klettertalent und Ehrenmitglied des Alpenvereins erinnerte sich in der Jubiläumsschrift 2002: ›Ich bin einer der wenigen, die das Glück hatten, eine langjährige extreme Phase heil zu überstehen.‹ Lange vor den heute weltberühmten Extremkletterern Alexander und Thomas Huber hatte Haider als einer der Ersten die Nordwand der ›Großen Zinne‹ in den Dolomiten erobert. In einem Artikel im ›Spiegel‹ kommentierte er 2004 das moderne Speedklettern ohne Sicherungsseil kritisch: ›Ich glaube, die größte Kunst des Extremen besteht darin, auch alt zu werden.‹ Doch ist das Bergsteigen sicherer geworden?

Zeitzeugnis im Haus der Sektion Rosenheim des Deutschen Alpvereins

»Das Material spielt eine große Rolle, aber der Berg ist der Gleiche geblieben«, meint Vögele. Mit der Ausstattung habe sich auch der Ehrgeiz weiterentwickelt. Bergsteigen wurde in den 70er-Jahren mit Reinhold Messner zum Profisport. »Erstbesteigungen werden heute nur noch selten als etwas Besonderes wahrgenommen. Die meisten gehen in den Medien unter«, bemerkt der Schatzmeister. Die ersten Rosenheimer auf einem Achttausender wurden noch gebührend gefeiert – von ihrem Verein und ihrer Stadt. 1981 hatten die Vereinsmitglieder Anderl Loferer und Karl Horn den ›Manaslu‹ in den Anden bestiegen.

Dieter Vögele erzählt in der Von-der-Tann-Straße 23

Der Hausberg der Rosenheimer wirkt mit seinen 1.569 Metern dagegen wie ein Hügel. »Es ist allerdings nicht mehr der Brünnstein«, erklärt Vögele. »Die Hochries hat den Titel 1914 übernommen. Ihr Gipfel ist ein Logenplatz in der Natur«, schwärmt der begeisterte Alpinist. Seitdem die ›Rosenheimer Hütte‹ dort eröffnet wurde, konnten die Bergfreunde endlich länger schlafen. Die Zeiten, in denen eine Tour um 2 Uhr morgens an der Innbrücke mit Laternen begann, waren endlich vorbei. »Davor mussten sich die Kameraden so früh treffen, damit sie um 11 Uhr auf dem Gipfel und um 17 Uhr wieder daheim waren«, erklärt Vögele. Heute ist die Hochries nach dem Wendelstein der meistfrequentierte Berg im Umland. »Sie wird zwischen 25.000- und 35.000-mal im Jahr besucht«, schätzt der Alpinist. »Was sicher auch an der Hochriesbahn liegt, die Naturfreunde bequem hinaufgondelt.«

Aus der kleinen Gruppe am Schlossberg wurde im Verlauf der Jahre der mitgliederstärkste Verein in Rosenheim. Mehr noch: »Wir sind einer der größten selbstständigen Vereine in Südostbayern«, sagt Vögele stolz. Und das berühmteste Mitglied hat seinen Gönner Dr. Julius Mayr unsterblich gemacht: mit einem Gemälde, das heute in der Münchner Pinakothek hängt. Leibl wurde zu einem der bedeutendsten deutschen Maler des Realismus. Er kam mit den Rosenheimern hoch hinaus.

DEUTSCHER ALPENVEREIN E. V.
SEKTION ROSENHEIM
VON-DER-TANN-STRASSE 1A
83022 ROSENHEIM
WWW.DAV-ROSENHEIM.DE

Darüber sind wir dann schon empört
Katrin Stadler findet im Wasserkraftwerk Inspiration

Der Wind pfeift um die Mauern des Wasserkraftwerks an der Klepperstraße. Katrin Stadler schlingt ihren Schal enger um den Hals. Kälte schadet der Stimme und mit der muss sie arbeiten: Sie singt und spielt bei den einzigartigen ›Neurosenheimern‹. Das Repertoire der Band beschreibt sie als ›bayerisch neurotische Lebensmusik‹. Deren Wieder- und Selbsterkennungswert ist so hoch, dass die Konzerte jedes Mal blitzschnell ausverkauft sind. Die Fans lieben den humorvoll analytischen Zugang zum Rosenheimer Alltag und seinen Einwohner sowie die gewitzten bayrischen Melodien der Gruppe. Der beste Beweis: Sie singen mit, zum Beispiel den ›Yogajodler‹ aus der Feder von Stadler.

> *I mach recht gern Yoga, so mit ›Shakti‹ und ›Ommm‹,*
> *außerdem mog i aa de bairische Tradition.*
> *Und am bestn is', wenn i beides vermischen konn.*
> *Rüdiei Hoedi, Omm Shaktijoedi,*
> *Rüdiei Hoedi, Omm Shaktijo.*

Das Lied ist Stadler zugeflogen. Beim Yoga, wo sonst? Die Musikerin dehnte und streckte sich in der Yogaschule im Obergeschoss des Wasserkraftwerks, als das Lied da war. »Man muss nur wach sein, wenn es kommt«, beschreibt die ›Neurosenheimerin‹ den entscheidenden Moment. »Da wurde mir klar, wie eng die bayrische und die indische Kultur beieinanderliegen.« Das gilt mit einem Zeitsprung auch für das Wasserkraftwerk: Wo sich Stadler heute inspirieren lässt, übte sie als Kind mit dem Altrosenheimer Trachtenverein im Dirndl Heimattänze.

> *De Yogis mögn orange und de Bayern weiß-blau –*
> *und dass des guat zammpasst, des woaß i genau,*
> *weil i siehg's jedsmoi, wenn i de Tisch im Bierzelt oschau.*
> *Rüdiei Hoedi, Omm Shaktijoedi,*
> *Rüdiei Hoedi, Omm Shaktijo.*

Meist tauchen zuerst der Refrain und die Melodie auf, wie in diesem einen Moment im ›Yogaraum‹. Der Rest ist Abstimmungsarbeit, denn jede neue Komposition muss durch drei Instanzen: Sie heißen Katl, Marita und Tobi. Das sind die drei *echten* ›Neurosenheimer‹, also ›Zuagroaste‹. »Dass die Katrin eigentlich *Alt*rosenheimerin ist, wiegen wir mit insgesamt 218 Kilo mehr als locker auf«, erklärt Marita. Einmal die Woche treffen sich die Musiker zum Proben und Texten. Als Stadler ihren ›Yogajodler‹ das erste Mal vorstellte, kam er auf Anhieb gut an – zumindest die ersten zwei Strophen, die anderen ließen sie ihre Mitmusiker als Hausaufgabe umschreiben. Die ›*Neu*rosenheimer‹ machen es sich nicht leicht – nomen est omen, sie heißen schließlich nicht umsonst so.

Ihr braucht's bloß moi neischaun in a Yogabiachei:
Da san Übungen verwurschtelt wiara Brezn dabei.
Und de Stellung vom Masskruag schafft da Bayer oiwei.
Rüdiei Hoedi, Omm Shaktijoedi,
Rüdiei Hoedi, Omm Shaktijo.

Die Altrosenheimerin Katrin Stadler wollte lange ›Neurosenheimerin‹ werden. Bei ihr war es Liebe auf den ersten Ton, aber die Musiker erhörten sie erst, als ihre Akkordeonspielerin weggezogen war. »Das Instrument wurde zur Aufnahmebedingung«, erzählt Stadler. Das war 2009. Jetzt spielt sie zudem Hackbrett, Klavier, Gitarre und Klarinette – und immer mehr hören zu. Die Zeiten, in denen die ›Neurosenheimer‹ in Wohnzimmern vor kleinem Publikum auftraten, sind endgültig vorbei: Bei Volksmusikfestivals wie dem im bayrischen Regen schwingen Hunderte auf der gleichen Wellenlänge mit, bei der Landesgartenschau 2010 in Rosenheim gab es einen legendären Sommerabend und Ludwig Beck am Münchner Rathauseck verkauft in seiner sehr wohl sortierten Musikabteilung die CDs der Gruppe. Das gleicht einem Ritterschlag. Der zweite kam von der Stadt Rosenheim. Sie zeichnete 2012 die ›Neurosenheimer‹ mit dem Kleinkunstpreis aus. Was kommt als Nächstes?

»Wir träumen schon von einem Auftritt im ›Circus Krone‹«, lacht Stadler, aber vorher muss sie ihren Mitmusikern noch beibringen, wie

Katrin Stadler findet im Wasserkraftwerk Inspiration

man den Salinplatz richtig betont, nämlich Sal*in*platz. Dabei hilft nur eine gesunde Mischung aus fernöstlichem und bayrischem Gleichmut.

> *An indischen Spirit und an katholischen Glaubn*
> *bringan da Buddha und da Jesus locka unter oa Haum,*
> *wenn's im Nirvana drobn sitzn und mitnand owaschaun.*
> *Rüdiei Hoedi, Omm Shaktijoedi,*
> *Rüdiei Hoedi, Omm Shaktijo.*
> *Mia solltn no mehr boarische Yogis do hobn!*
> *Zum Beispiel bei de Jaga, ja, des daad i lobn,*
> *weil wenn a Yoga-Jaga a Wuid schiasst,*
> *schreit des beim Umfoin no ›Ommm‹.*
> *Rüdiei Hoedi, Omm Shaktijoedi,*
> *Rüdiei Hoedi, Omm Shaktijo.*

»Rosenheim ist eine Schnittstelle zwischen Stadt- und Landleben«, findet Stadler. Sie mag das bayrische Grundrauschen ihrer Heimat. »Bei uns darf man Dialekt reden, ohne sich dabei exotisch vorkommen zu müssen. Aber wir fühlen uns als Städter – und erst wenn man weggeht, in eine Metropole, bemerkt man, dass Rosenheim von anderen als *Klein*stadt angesehen wird. Und darüber sind wir schon empört, Rosenheim ist schließlich nicht Aibling, Kolbermoor oder Miesbach! Wahrscheinlich geht es uns ähnlich wie den Münchnern, die von den Hamburgern und Berlinern belächelt werden. Aber was soll's – für einen Rosenheimer ist Rosenheim das Maß der Dinge.« Dem Ort fehle nur eines: »eine Kleinkunstbühne«. Das Wasserkraftwerk wäre dafür ein schöner Platz.

WASSERKRAFTWERK
KLEPPERSTRASSE 19
83026 ROSENHEIM
WWW.YOGARAUM-ROSENHEIM.DE
WWW.NEUROSENHEIMER.DE

Eine Stadt kämpft gemeinsam
Stephan Gottwald spielt im Kathrein-Stadion

Schultern prallen aneinander. Schläger krachen auf Rücken. Eiskristalle stauben durch die Luft, aufgespritzt von messerscharfen Kufen. Es geht zur Sache, wenn die ›Starbulls‹ im Kathrein-Stadion ihre Stärken ausspielen, allen voran Stephan Gottwald. Als Kapitän der legendären Rosenheimer Eishockeymannschaft lebt er deren Leitspruch vor: ›Die »Starbulls« geben niemals auf.‹ Ein Stadtgespräch in der Kabine, zwischen Körperpanzern, Helmen und Handtüchern.

Erika Thimel: Was ist der entscheidende Unterschied zwischen Fußball- und Eishockeyspielern?
Stephan Gottwald: Wir sind nicht so wehleidig. Wir sind die härteren Jungs und schmeißen uns nicht wegen jedem Scheiß zu Boden. *(lacht)*
Wie viele blaue Flecken bringen Sie von einem Spiel mit nach Hause?
Ein hartes Match bringt mehr als eine Handvoll blauer Flecken. Eishockey ist ein Kontaktsport. Wer richtig spielt, bekommt schon einiges ab. Man wird gecheckt, der Puck oder ein Schläger trifft einen. Wir sind zwar geschützt durch unsere Ausrüstung, aber eben nicht überall. Der Rücken, die Waden und die untere Gesichtshälfte liegen frei.
Warum schützen Eishockeyspieler Ihren Kiefer nicht?
Abgesehen vom Torwart ist das nur in den Kinder- und Jugendmannschaften Pflicht. Bei den Erwachsenen will keiner damit anfangen und als Weichei dastehen. Männer! *(lacht)*
Welche Position ist die gefährlichste auf dem Eis?
Die Feldspieler bekommen Checks ab und krachen in die Bande, dem Torwart fliegt der Puck um die Ohren. Unterm Strich sind alle Positionen gleichermaßen gefährlich.

Rückblick in die Saison 2011/2012: Die ›Starbulls‹ sammeln sich in ihrer Kabine im Kathrein-Stadion. Spielpause. Es riecht nach ehrlich verdientem Schweiß und Gummi. Eine kraftvolle Stimme hallt durch den Raum. Trainer Franz Steer schwört seine Jungs auf Sieg ein. Es geht um alles. Es geht um die Meisterschaft. Die ›Starbulls‹ stehen im Finale den

Die Arbeitskleidung des ›Starbull‹-Kapitäns

Landshuter ›Cannibals‹ gegenüber: Oberbayern gegen Niederbayern, die Mutter aller Derbys. Die Spieler schweigen, konzentrieren sich auf Steers Kommandos: »Daran glauben! Beine bewegen! Beißen! Hinfahren!« Dabei wechselt der Trainer zwischen Deutsch und Englisch. Wie seine Sprache ist auch seine Mannschaft international, aber ihren Kern bilden Rosenheimer. Sie sind das Erfolgsgeheimnis des Klubs.

Wie viele Rosenheimer spielen bei den ›Starbulls‹?
Zehn. Wir kennen uns noch aus Kindertagen, da braucht keiner allein voranzugehen oder etwas zu regeln. Jeder weiß, was zu tun ist. Diese eingeschworene Truppe hält den Rest zusammen. Ich glaube nicht, dass ein anderer Verein in der Liga so viele Eigengewächse hat wie wir. Wir sind eine echte Stadtmannschaft.

Das Team hat Sie zum Kapitän gewählt. Wie fühlt sich das an?
Das empfinde ich als sehr große Ehre, gerade weil ich Rosenheimer bin.

Täuscht der Eindruck oder sind Eishockeyspieler von Natur aus Alphamänner?
Jeder Profi muss ein Leader-Gen in sich haben. Der eine mehr, der andere weniger, aber ein Draufgänger steckt in jedem.

Kommt es deshalb häufig zu Raufereien auf dem Eis?

Stephan Gottwald spielt im Kathrein-Stadion

Das gehört dazu, weil es immer verschiedene Meinungen gibt. Da geht es zur Sache, und das ist gut für die Gruppe. Nur wenn es zu viel wird, muss man einschreiten. Hinterher trinkt man ein Bier zusammen, quatscht es aus – und alles ist schnell wieder vergessen. Nachwuchsprobleme kennen die ›Starbulls‹ offensichtlich nicht. Nein, weil bei uns die Jungen die Chance haben, in einer hohen Liga zu spielen.

Woran erkennen Sie ein Talent?

Als Spieler braucht man eine sehr gute Hand-Augen-Koordination. Das zeigt sich bei Kindern schnell, aber Begabung ist nicht alles. Wir haben schon genügend Talente gehabt, aus denen nichts geworden ist, weil der Sport harte Arbeit verlangt.

Sie selbst trainieren den Nachwuchs. Ab wann sollte man aufs Eis?

Sobald ein Kind gehen kann, kann es Schlittschuh laufen. Ich war mit Dreieinhalb zum ersten Mal auf dem Eis.

Was hat Sie motiviert?

Ich hatte die Erste Rosenheimer Mannschaft gesehen und wollte auch vor Publikum spielen. Ich war von Anfang an ehrgeizig, aber mit 14 musste ich wegen einer Wachstumsstörung am Knie eineinhalb Jahre pausieren. Das war eine sehr schwierige Zeit für mich und meine Eltern. Ich hatte schon fast abgeschlossen, aber mein Trainer hat mich wieder zurückgeholt. Seitdem bin ich mit Leib und Seele dabei. Jeden Tag, jede Nacht. Eishockey bestimmt mein Leben.

Wäre Fußball eine Alternative gewesen?

Ich hab sogar im lokalen Verein gespielt, aber irgendwann muss man sich entscheiden. Beides geht nicht. Ungefähr ab dem 13. Lebensjahr ist Eishockey ein Leistungssport, neben dem kein anderer ernsthaft Platz hat, außer zum Ausgleich. Eishockey fordert volle Konzentration.

Rückblick zum Finale 2011/2012: In der Pause breitet sich Erschöpfung in der Rosenheimer Kabine aus. Die Landshuter sind ein großer Gegner. Sie führen 5:0. Die ›Starbulls‹ spielen am Ende der Saison ihre letzten Kräfte aus. Sie gehen über ihre Grenzen. Trainer Steer weiß das und puscht trotzdem weiter: »Wollen wir uns abschlachten lassen? Wenn wir untergehen, dann mit fliegenden Fahnen!« Dann müssen seine Jungs zurück in den Hexenkessel, zu den ›Kannibalen‹ – und zu den Fans. Spielerbetreuer Ingo Diekmann wird sich später an die Panik erinnern, die in diesem Moment in ihm hochstieg. Wie würden ihre Anhänger reagieren? Enttäuscht? Wütend? Im Gegenteil! Trommeln wirbeln, grün-weiße Fahnen wehen durch die Luft. Die Rosenheimer empfangen ihre Mannschaft nach der Pause mit Begeisterung. Sie feiern sie, als wäre sie nicht im Rückstand, sondern bereits Meister.

Trikot des Kapitäns

Die Gesänge Ihrer Fans treiben den Geräuschpegel nach oben. Bekommen Sie davon unter Ihrem Helm viel mit?
Auf jeden Fall! Die Stimmung überträgt sich. Es ist ein super Gefühl, wenn die Leute schreien. Das peitscht einen auf, feuert an, motiviert. Je voller die Halle, desto besser. Zwischen den Spielern und den Anhängern herrscht ein großer Zusammenhalt. Wir sind gemeinsam durch die Höhen und Tiefen der Vereinsgeschichte gegangen. Rosenheim ist eine Eishockeystadt, hier herrscht pure Begeisterung. Da kämpft eine Stadt gemeinsam.

Wie hoch ist der Frauenanteil unter Ihren Anhängern?
Zwischen 30 und 40 Prozent bestimmt.

Wie viele Liebesbriefe bekommt die Mannschaft pro Saison?
Der eine oder andere bekommt schon mal ein Briefchen oder eine Nachricht. *(lacht)*

Egal wo Sie in Rosenheim hingehen, man kennt Sie, auch ohne Rückennummer. Wird das mit der Zeit lästig?
Im Gegenteil, ich freue mich darüber! Die Leute suchen das Gespräch – und manchmal kritisieren sie auch.

Vermutlich nicht immer fachmännisch.
Kritik muss man sich stellen, manche nimmt man weniger ernst, manche mehr. Überspitzt ausgedrückt, haben wir unter den rund 2.500 Zuschauern im Stadion bei jedem Spiel mindestens 1.000 Bundestrainer. *(lacht)*

Stephan Gottwald spielt im Kathrein-Stadion

Rückblick zum Finale 2011/2012: Die ›Starbulls‹ ziehen sich nach Spielende geschlagen in ihre Kabine zurück, während die ›Cannibals‹ fröhlich einen Sirtaki übers Eis tanzen. Die Landshuter waren im Derby die glücklichere Mannschaft: Das letzte Drittel ging an sie und damit auch der Pokal. In der Kabine zieht die Enttäuschung die letzte Kraft aus den Körpern der Rosenheimer. Niemand sagt etwas.

Bei einem verlorenen Endspiel weinen auch harte Kerle, oder?
Das ist eine Ausnahmesituation. Da fließt schon einmal eine Träne, nachdem man zwölf Monate lang alles für diesen Moment gegeben hat. Wenn es nicht funktioniert, enttäuscht man sich nicht nur selbst, sondern auch die Kameraden und unsere Zuschauer.

Wie bauen Sie das Team nach so einem Tiefschlag wieder auf?
Ich bin der Typ, der sagt: ›Jetzt erst recht! Dann schaffen wir es eben das nächste Mal.‹ Vizemeister ist eine reife Leistung. Wir haben in der Saison 2011/2012 alles gegeben und können auch noch in 20 Jahren sagen, dass es ein geiles Finale war.

Nach dem Spiel ist vor dem Spiel. Es geht in die neue Saison. Die ›Starbulls‹ legen ihre Rüstungen an. Ein harter Rhythmus hämmert durch die Kabine. Laut und schnell. Die Musik peitscht sie in die richtige Stimmung. Auf den Rängen hauen die Fans auf die Pauken und schwenken ihre Schals. Das Kathrein-Stadion heizt sich auf. Stephan Gottwald und seine Männer sind bereit. Gemeinsam laufen sie ein und versammeln sich vor dem Tor. Der Kapitän schreit:»Starbulls!« Seine Mannschaft antwortet: »Go!« Die ›Starbulls‹ geben niemals auf.

KATHREIN-STADION
JAHNSTRASSE 1
83022 ROSENHEIM
WWW.STARBULLS.DE

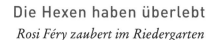

Die Hexen haben überlebt
Rosi Féry zaubert im Riedgarten

Finsternis senkt sich über die Stadt. Sie hat die Sonne für heute besiegt. Die Geisterstunde ist nur noch ein paar Glockenschläge entfernt. Um diese Uhrzeit ist der Riedergarten in Rosenheim gewöhnlich menschenleer und totenstill. Nicht so heute. Schuhe knirschen über die Wege, ein leises Murmeln die Nachtluft durchdringt, in der Dunkelheit zeichnen sich Umrisse von Menschen ab. Sie folgen einer Laterne. Eine Frau lenkt sie damit auf einen Hügel zu einer mächtigen Eiche. Dort bleibt sie stehen und fordert ihre Gefolgschaft auf, einen Kreis zu bilden. In seine Mitte setzt sie ihr Licht. Es flackert auf und holt die Frau aus der Finsternis. Sie ist wahrlich eine Erscheinung: Rote Haare drängen aus ihrem Kopftuch heraus über die Schultern, bunte Ketten schmücken ihr dunkles Gewand und an ihren Füßen leuchten spitze rote Stiefel. Sie streicht sich eine Strähne aus dem Gesicht und schaut prüfend in die Runde. Alle sind gebannt. Die Frau ist eine Hexe: Rosi aus Rosenheim. »Jetzt wird es sich zeigen!«, droht sie.

Sie hat eine besondere Gabe. Rosi, die in ihrem bürgerlichen Leben den Nachnamen Féry trägt und als Stadtführerin arbeitet, kann Menschen durch die Zeit reisen lassen. Ihr großes Wissen über Rosenheim weist ihr den Weg. Sie hat es über Jahrhunderte gesammelt. Das meiste übersteigt den Verstand und fasziniert gerade deshalb: Geschichten von Geistern, Wundern, Hexen und einem Erzengel. Rosi ist Spezialistin für Übernatürliches. Das Schicksal hat sie nach Rosenheim geführt und damit ihr Überleben gesichert. »In Rosenheim gab es keine einzige Hexenverbrennung. Wisst ihr, was das bedeutet?«, fragt Rosi und gibt sich die Antwort gleich selbst: »Sie sind noch unter uns.«

Dann lädt sie die Gruppe zu einem wilden Ritt durch die Zeit ein. Er beginnt im Zweiten Weltkrieg, bei einem legendären Hellseher: Alois Irlmaier. Er hat vielen Rosenheimern das Leben gerettet. Der schmächtige Mann mit den stechenden Augen warnte vor einem großen Bombenangriff. Rosi steht vor der Stadthalle südwestlich des Riedergartens und zeigt auf den Platz, wo Mitte der 40er-Jahre das

Diese Hexe verzaubert alle: Rosi Féry

staatliche Geldinstitut gestanden hat. »Leute, in den großen Bunker bei der Staatsbank dürft's jederzeit hineingehen‹, hat er gesagt, der Irlmaier«, erzählt die Hexe. »›Aber geht's nicht in die Mitten. Da schlagt's ein. Ich seh einen großen Dreckhaufen und Beine und Köpf herausragen.‹« Beim Angriff flüchteten die Rosenheimer in den Bunker und drückten sich, wie ihnen geraten worden war, an die Mauern. Zuletzt hetzten fremde Soldaten hinterher. Im Zentrum war noch Platz, hier glaubten sie sich sicher. Sie starben. Mauerbrocken und Schutt begruben sie, nur ihre Beine und Köpfe ragten hervor. Alle anderen überlebten, dank Irlmaier, dem Hellseher aus Freilassing. »Auch zum Dritten Weltkrieg hat er etwas gesagt«, erzählt die Rosi in die Dunkelheit hinein. »Er kann abgewendet werden.«

Anschließend führt sie die Menschen über nächtliche Wege zur nächsten Geschichte, die vom Wunderheiler Bruno Gröning erzählt. Zwischen den kleinen Häusern des Hammerviertels, wo früher eine Leprastation ihren Platz hatte, bleibt Rosi stehen. Sie deutet weit über die Dächer und Stadtgrenzen hinweg zu den Pferdekoppeln und der ehemaligen Ausflugsgaststätte Traberhof. Hier hatte sich Gröning 1949 einquartiert, und Rosenheim erlebte den größten Massenauflauf seiner Geschichte: Rund 30.000 Menschen strömten ihm zu. Kranke,

Rosi Féry zaubert im Riedergarten [26]

Kriegsversehrte, Blinde, Verkrüppelte, Menschen mit geistiger oder körperlicher Behinderung – sie alle wollten zu Gröning, dem umstrittensten Wunderheiler seiner Zeit. Die Hexe kennt ihn gut. Der Mann aus einfachen Verhältnissen betrachtete sich als von Gott gesandt, gesegnet mit der ›göttlichen Kraft‹. Rosi erzählt von Leuten, die tagelang auf den Koppeln vor Rosenheim ausharrten, bei Regen und bei Hitze, um ihn zu sehen. Niemand hatte mit diesem Ansturm gerechnet, es gab keine Toiletten, keine Versorgung und trotzdem harrten seine Anhänger aus. Endlich, nach Tagen, erschien der Mann auf dem Balkon des Traberhofes und erzählte von Glauben, Liebe und Gesundheit. Die Masse lauschte atemlos und nahm dankbar die silbernen Kugeln aus Stanniolpapier entgegen, die Gröning verteilen ließ. Sie waren mit seiner Heilkraft aufgeladen, ließ er die Menge vor der Gaststätte glauben. Kurz darauf erhob sich ein Mann aus seinem Rollstuhl und jubelte: »Ich bin geheilt!«. Er sollte nicht der Einzige bleiben. Gröning wirkte sechs Monate in Rosenheim. Noch Jahre später berichten Menschen von wundersamen Heilungen in ihrem nahen Umfeld. Rosi fragt erwartungsvoll in die Runde: »Kennt einer von euch eine Geschichte?«

»Mein Onkel war mit Gröning im Krieg«, meldet sich jemand zu Wort. »In der Zeit danach haben sich die beiden durch die Gefangenschaft aus den Augen verloren. Als Gröning nach Rosenheim kam, war auch mein Onkel in der Menschenmenge, ohne Hoffnung auf eine Begegnung. Gröning wusste ja nicht einmal, dass er da war. Aber er muss es gespürt haben. Über all die Köpfe hinweg rief er meinem Onkel zu: ›Michi, bist du da?‹«

Niemand in der Gruppe scheint sich zu wundern, am wenigsten Rosi. »Es passiert oft, dass mir Leute von Erlebnissen mit Gröning erzählen.«

Eine junge Frau berichtet ein weiteres: Im Dorf ihrer Mutter habe ein stummer Mann gelebt, der sprechend vom Traberhof zurückgekehrt sei. Vielleicht lag es am gebündelten Glauben in der Stanniolkugel?

Rosi raschelt in ihrer Tasche und holt eine hervor. »Wer hat ein Leiden?«

»Kreuzschmerzen«, klagt ein Teilnehmer.

Rosi Féry legt die silberne Kugel in seine Handfläche und kreist mit der ihren darüber. Konzentration liegt in ihrem Blick und viel Gefühl. Dagegen haben die Kreuzschmerzen keine Chance. Die Hexe hat gezaubert. Der Mann ist geheilt.

Der Ritt durch die Zeit geht weiter, raus aus dem Hammerviertel hin zu einer modernen Spukgeschichte. In der Rathausstraße 13, dem ehemaligen Sitz der Rechtsanwaltskanzlei Adam, stellt Rosi ihre Laterne auf den Boden. Im Herbst 1967 verunsicherte von hier aus der ›Spuk von Rosenheim‹ die ganze Nation. »Glühbirnen sprangen aus der Fassung und prallten mit Wucht auf die Schreibtische. Bilder drehten sich von selbst an der Wand. Es knallte. Der Fotokopierer verspritzte seine Flüssigkeit im Raum. Die Telefonzeitansage wurde immer wieder gewählt, obwohl niemand auch nur in die Nähe des Apparats kam. Schubladen und ein Schrank bewegten sich von selbst«, berichtet Rosi. Weder technische noch physikalische Untersuchungen konnten die unheimlichen Vorgänge erklären. Erst Professor Bender vom Freiburger Institut für Grenzgebiete der Psychologie und Psychohygiene kam der Erklärung näher. Er stellte fest, dass die Phänomene nur dann auftraten, wenn die 19-jährige Auszubildende des Anwalts anwesend war. Als das Mädchen den Arbeitgeber wechselte, endete der Spuk von einem Tag auf den anderen.

Laternenlauf durch Rosenheim

Rosi schwenkt ihr Licht durch die Dunkelheit. An diesem Abend sind die Fußwege in Rosenheim bis auf die Hexengruppe leer.

Rosi Féry zaubert im Riedergarten

Nur ein Wagen fährt gespenstisch langsam Richtung ›Lokschuppen‹. Er erinnert Rosi an einen ›wahren‹ Geisterfahrer und sie beginnt von einer Frau zu erzählen, die in den 80er-Jahren einen Anhalter mitgenommen hatte und mit ihm auf der A 8 Richtung Rosenheim unterwegs war. Der Fahrgast gab sich als Erzengel zu erkennen. Als die Frau irritiert auf den Sitz neben sich blickte, war der Gurt eingerastet, aber der Mensch, den er eben noch umschlungen hatte, war verschwunden. Einfach weg. Bei hohem Tempo und geschlossenen Türen. Es blieb kein Einzelfall.

Doch die Zeit drängt, die Leithexe ruft in die Runde: »Auf geht's zur letzten Station!« In ihrer Stimme liegt etwas Doppeldeutiges. Entschlossen schreitet sie durch die Dunkelheit voran, zurück in Richtung Riedergarten. »Jetzt wird es sich zeigen!« droht sie unter der großen Eiche und zaubert eine Flasche mit grüner Flüssigkeit herbei. Jeder bekommt einen Becher davon. Kräutergeruch steigt auf. Rosi hat den Trank selbst gebraut. Die Zutaten sammelt sie hier in der grünen Oase der Stadt, dem ehemaligen Apothekergarten der Familie Rieder. Wie jede gute Hexe kennt sie die feine Linie zwischen heilsamer und tödlicher Mischung. »Es kommt auf die Dosis an«, warnt sie und fordert ihre Gefolgschaft auf, die Becher zu leeren. Alle gehorchen, dann müssen sich alle an den Händen fassen und ihre Augen schließen. »Jetzt sende ich meine Gedanken durch den geschlossenen Kreis. Wer fängt sie auf?« Es zeigt sich, dass die Dosis des Tranks die richtige war: Eine Teilnehmerin spricht aus, woran Rosi denkt: Die Hexe will zurück auf ihr heimisches Kanapee. Der Ritt durch die Zeit geht zu Ende. Rosi fliegt wieder in die Gegenwart.

RIEDERGARTEN
ZUGANG ÜBER DIE KÖNIGSTRASSE UND RATHAUSSTRASSE
83022 ROSENHEIM
WWW.TOURISTINFO-ROSENHEIM.DE

Die Hand trainiert das Hirn
Johann Bachinger flicht in der Brünnsteinstraße

Er selbst sieht sich als Handwerker, andere sehen ihn als Künstler. Der Rosenheimer Flechtwerkmeister Johann Bachinger entwickelt in seiner Werkstatt in der Brünnsteinstraße spektakuläre Meisterstücke wie das Bambushaus für die Landesgartenschau 2010 oder riesige Leuchtkörper aus Weidengeflecht. Letztere schweben über den Tischen von ›Feinkost Käfer‹ in der Münchner Schrannenhalle. Der größte Leuchter misst 4,20 Meter auf 4,20 Meter und bringt es auf stolze 1,50 Meter Höhe. Die Lampen geben mehr als Licht. Sie strahlen Hoffnung aus, beweisen sie doch, wie perfekt sich Flechtwerk in moderne und puristische Architektur integrieren lässt. »Da sehe ich eine große Zukunft für unsere Zunft«, sagt Bachinger.

Das Flechthandwerk zählt zum Weltkulturerbe. Die Sammler unter unseren Urahnen bastelten sich Körbe aus Binsen und Bast, um Beeren in ihre Höhlen zu tragen, und Ötzi, der berühmte ›Eismann‹, marschierte mit einem langlebigen Flechtwerk durch die Alpen. Ob es ihm als Matte, Grasmantel oder Tragegestell diente, darüber rätseln die Wissenschaftler noch. »Einig sind sie sich hingegen, dass die Entwicklung des menschlichen Hirns nur über die Hände möglich war. Die Hand trainiert das Hirn«, fasst der Rosenheimer die Bedeutung seines Handwerks für die Menschheit zusammen.

In Bachingers Werkstatt wartet akut ein angeschlagener Thonet-Stuhl auf seine fachliche Zuwendung. Der nach 150 Jahren Designgeschichte meistgebaute Stuhl der Welt hat das Recht auf erste Ermüdungserscheinungen. Im Rosenheimer Meisterbetrieb bekommt er mit einer neuen Sitzfläche seine Jugend zurück. »Flechtwerk lässt sich reparieren oder problemlos auf dem Kompost entsorgen«, betont Bachinger die Nachhaltigkeit seines Handwerks. »Man muss nur einen Plastikstuhl und ein geflochtenes Möbelstück aus heimischer Weide vergleichen: Ersterer belastet schon vor seinem Gebrauch die Umwelt und schwimmt womöglich danach als Teil einer gigantischen Plastikinsel im Meer herum. Dagegen lässt sich der Weidenstuhl regional fertigen und löst sich wieder in der Natur auf – nach langer Lebenszeit.«

Der Meister: Johann Bachinger vor einem seiner Kunstwerke

Anzeichen einer Renaissance der Flechtmöbel tauchen in modernen Wohnzeitschriften, auf Messen und in Rosenheim auf. Der Meister hat gerade 50 Nussbaumstühle mit einem Geflecht aus Papierschnur hergestellt. Das Vorbild fertigten die Mitglieder der christlichen Freikirche ›Shaker‹ bereits im 19. Jahrhundert an. Die religiösen Einwanderer wurden in den USA und später weltweit für ihre funktionelle und hochwertige Handwerkskunst bekannt. »Die hatten exzellente Geflechte«, schwärmt Bachinger.

Andere schwärmen von ihm. Seine Rosenheimer Werkstatt gilt als Referenz unter jungen Flechtern wie dem Uffinger Stefan Rothkegel. Er flicht gerade mit einem Kollegen das Dach einer Kirche und ist stolz darauf, von Johann Bachinger gelernt zu haben. »Er ist mein Vorbild. Er hat sich immer wieder neu erfunden und ist so zum Vorreiter für unser Handwerk geworden. Er bleibt nie stehen.«

Der Rosenheimer hat die gesamte Entwicklung des Gewerbes

Johann Bachinger flicht in der Brünnsteinstraße 27

miterlebt: vom starken Industriezweig in den 50er-Jahren bis hin zur wirtschaftlichen Bedeutungslosigkeit. Heutzutage wird es allmählich neu entdeckt und Bachinger hat großen Anteil daran. Er reist zu Vorträgen und Ausstellungen nach England, Irland, Dänemark und Polen und trifft sich mit Flechtwerkern aus ganz Europa. Doch überall wird deutlich: Sie können von der ursprünglichen Korbmacherei schon lange nicht mehr leben. »Die Zeiten, in denen Bäcker Ausbackkörbe bestellt haben und Bauern Kartoffelkörbe, sind vorbei. Gebrauchskörbe werden heute importiert, oft genug aus Plastik«, kritisiert Bachinger die Situation. Die traditionelle Alternative heißt Weide. Sie ist die Königin in der Rosenheimer Werkstatt. Aus ihren Trieben schafft Bachinger 90 Prozent seiner Werke. Das Gewächs ist unkompliziert und braucht nur Wasser und Zeit, um sich den Vorstellungen des Gestalters zu beugen. Als regionaler Rohstoff empfiehlt es sich für nachhaltiges Arbeiten. Bachinger denkt viel über natürliche Materialien und ihre Möglichkeiten nach. »Gute, regional produzierte Flechtstühle fehlen noch«, erklärt er.

Noch kann er sich darum nicht kümmern, er erweckt gerade mit der Künstlerin Regina Jenne und dem Schlosser Georg Kofler ein Mammut zum Leben. Das lebensgroße Tier steht in Rimsting am Chiemsee und wird eine alte Diskussion neu entfachen: Ist die Flechterei Kunst oder Handwerk? Der Rosenheimer Korbmacher in vierter Generation sieht sich als Handwerker, aber in seiner Heimatstadt ist er spätestens seit der Landesgartenschau als Künstler bekannt – und als engagierter Bürger, der Rosenheim die Planungs- und Arbeitsstunden für das Bambushaus geschenkt hat!

WERKSTATT JOHANN BACHINGER
BRÜNNSTEINSTRASSE 2
83026 ROSENHEIM

Do konnst scho narrisch werdn
Peter Kirmair steht im Künstlerhof auf der Bühne

Die Generalprobe findet immer in der Badewanne statt. Hier hat Peter Kirmair Ruhe und kann sich ein letztes Mal auf seinen Text konzentrieren. Laut deklamiert er seine Passagen, nur der Kater Wuzzi darf lauschen. Stunden später wird ihm ein Saal voller Menschen zuhören. Tagsüber in seiner Druckerei tätig, tritt Kirmair abends auf der ›Volksbühne St. Nikolaus‹ im Künstlerhof am Ludwigsplatz auf. Der Theatersaal des Gebäudes, das aus dem ehemaligen Kolpinghaus entstand, wurde bei Umbauarbeiten gerettet – und ist der Geburtsort der Schauspielgruppe. Seit rund 40 Jahren steht Kirmair hier auf der Bühne. Zum Helden der Rosenheimer wurde er jedoch vor allem durch sein kabarettistisches Talent. Er entfaltet es mit grandioser Wucht, wenn die Kirche alljährlich zum Verzicht aufruft.

Für die genussfreudigen Bayern ist die Fastenzeit hart, weswegen sie das Starkbier erfanden. Der Anstich des ersten Fasses wird entsprechend gewürdigt und die wichtigste Rolle fällt dabei Kirmair zu. Er eröffnet seit fast zwei Jahrzehnten das Rosenheimer Starkbierfest in der Inntalhalle mit dem traditionellen ›Derblecken‹: Mit scharfem Humor zielt der Schauspieler auf alle, die es seiner Meinung nach verdient haben – vom Landrat bis zum Promikoch, dem ›Ingwer-Fonse‹. Die Zusammenkunft organisiert der Rosenheimer Auerbräu, eine Konzerntochter der Münchner Paulaner Brauerei. Bei der Auftaktveranstaltung lohnt es sich, zumindest über Grundkenntnisse der bayrischen Sprache zu verfügen, denn Rosenheim ist ein Schutzraum des Dialekts. Selbstverständlich spricht ihn auch Kirmair – als Zeremonienmeister, Schauspieler und privat.

Erika Thimel: Herr Kirmair, was kann Bayrisch, was Hochdeutsch nicht kann?
Peter Kirmair: Es kann Gemütszustände in Nuancen ausdrücken, über die nur unser Dialekt verfügt. ›Heid is's griabig‹ oder ›Fix, heid stinkt's ma‹ lässt sich nicht übersetzen. Da wächst man rein. Da haben wir schon Vorteile gegenüber den Preußen.

Peter Kirmair auf der ›Volksbühne St. Nikolaus‹ im Künstlerhof am Ludwigsplatz

Ihre Aufgabe beim Starkbieranstich ist das ›Derblecken‹. Wie erklärt man einem Preußen diese Kunst?
Auf gut Bayrisch: Du haust am andern a paar Sachan hi, sodass der g'scheid schlucka muass.
Wer reizt Sie am meisten dazu?
In Bayern sicher der Söder, weil er als Staatsminister der Finanzen relativ unglücklich agiert und außerdem ein Franke ist. Der Steinbrück gefällt mir, weil er immer wieder einen Scheiß baut und dazu steht. Die Aigner strahlt so wahnsinnig viel Aktionismus aus, aber wie das Ergebnis ist, weiß man nicht, aber dafür ›is's hoid a machtigs Weibats mit na guadn Ausstrahlung‹, wie man bei uns sagt. Dagegen ist die Haderthauer a Pflanzerl und beim Seehofer weiß sowieso ein jeder, wie er ist. Beim Starkbieranstich klingt das so: »Ja, er is hoid so, sogt er ja selba, da Horst – moi so, moi so, aba imma so. Verbal ohne Rücksicht auf Verluste, a im eigenen Lager. Und entscheidungsmäßig eh mehra wia a Fahndl im Wind oiwei unter dem Motto: ›Meine Damen und Herren, woher soll ich wissen, was ich denke, bevor ich gehört habe, was ich sage …?‹«
Lokalpolitiker gehen Sie schärfer an. Wie viele Leute reagieren beleidigt?
Der eine oder andere grüßt mich eine Zeit lang nicht mehr, aber das ändert sich spätestens ein paar Wochen vor dem nächsten Starkbieranstich, da sind dann auf einmal alle wieder recht freundlich zu mir. Mir ist das so oder so wurscht. Wichtig ist mir, was die ›normalen‹ Rosenheimer meinen. Wenn die sagen »Sauba host as eana gebn«, dann war ich nicht verkehrt, wobei ich eigentlich immer noch zu harmlos bin. Der Starkbieranstich ist halt kein echtes Kabarett, sondern eine Marketingveranstaltung für den Auerbräu.

Peter Kirmair steht im Künstlerhof auf der Bühne

Skandale, Charakterschwächen und Fehlentscheidungen sind Ihr Bühnenstoff. Wie viel persönliche Wut steckt in Ihren Auftritten?
Wenn du weißt, wie es politisch läuft und die eigene Machtlosigkeit siehst, ›do konnst scho richtig narrisch werdn‹. Da fragt man sich, wie sich in diesen Strukturen etwas bewegen soll.
Können Sie sich vorstellen, selbst in die Politik zu gehen?
Früher hatte ich solche Fantasien, aber inzwischen: nein, danke. Politiker werden von allen Seiten eingeschliffen und am Schluss liegen sie als aalglatter Kiesel im Bachbett.
Da bleibt auf der Bühne vermutlich mehr Handlungsspielraum.
Zumindest kann ich da klar sagen, was ich denke. Es ist schon ein super Gefühl, als Arbeiterbub da oben zu stehen und denen da unten eines reinzuwürgen. Die können ja nichts dagegen tun, weil das Fernsehen da ist und ›eana Gsichtal zoagt‹. Da bleibt ihnen gar nichts anderes übrig, als zu lachen.
Wenn Sie austeilen, ist das immer auch ein Ritterschlag. ›Derbleckt‹ wird schließlich nur, wer wichtig ist. Haben sich schon Leute beschwert, die sich ignoriert fühlten?
Auf jeden Fall gibt's Leute, die zu mir herkommen und sagen: »Danke, dass ich heuer drangekommen bin.« Selbst, wenn ich nur deren Namen erwähnt habe.

Diese Machtposition hat sich Kirmair über lange Jahre erarbeitet, angefangen hat er auf der ›Volksbühne St. Nikolaus‹. Dort führte er einst mit seinem Schauspielerkollegen Peter-Paul Hartmann saftige bayrische Dialoge. Die humorvolle Zwiesprache kam so gut an, dass Radio Charivari damit auf Sendung ging. Mit ›Peter und Paul‹ wurden sie zu den ›Quotenbayern‹ und setzten einen Trend in den Hörfunkprogrammen. Insgesamt 344 Folgen bestritt das Duo ab 1993 zusammen.

Jetzt ist ›Derblecken‹ seit fast 20 Jahren Ihre Königsdisziplin. Wurde es mit der Zeit leichter oder schwerer?
Schwerer, weil die Politiker immer weniger liefern. Die sagen und

machen lieber gar nichts als was Falsches. Gerade vor Wahlen sind die extrem vorsichtig. Mein Vorteil ist, dass in Rosenheim jeder jeden kennt und nichts lange geheim bleibt. Zum Glück gibt es auch immer wieder Steilvorlagen, wie die vom Steiner und der Noichl.«

›Derblecken‹ live

Was die beiden Politiker im Bayrischen Landtag veranstalteten, bereitete Kirmair auf der Bühne wieder auf: »Frau Noichl, Sie wissen doch a, wia's lafft. Zu eana hod doch im Landtag a CSU-Kollege gsogt, dass sie ›hinterfotzig‹ san. Der hod dafür ja einen Ordnungsruf kriagt. Sie ham aber dann g'moant, des macht eana gar nix aus, denn sie kemman aus Rosenheim und do is hinterfotzig ganz normal. Und? Stimmt! Hättn's hoid de ach so sensible Rosenheimer CSU ned ois ›Schwarzkittel‹ beschimpft, denn eine ›wilde Sau‹ lässt sich der höchst sensible Herr Borrmann ned nenna, zumindest ned öffentlich und scho gar ned von eana. Stimmt's?«

›Hinterfotzig‹ ist also normal in Rosenheim? Ist es überlebenswichtig?
Auf jeden Fall schadet es nicht, ›es werd scho a weng g'mankelt‹. Jeder hat seine Connections und die laufen halt manchmal a bisserl hintenherum.
Das klingt fast, als wäre es ein Kompliment.
Wer hinterfotzig ist, kann schon auch ein ›Hundling‹ sein und dazu hat nicht jeder das Zeug.
Was zeichnet einen typischen Rosenheimer sonst noch aus?
Er schaut ›zwider‹ und lacht äußerst selten, wenn er durch die Stadt geht. Seine Haltung ist kritisch und sein Charakter unberechenbar. Ein Beispiel ist die Landesgartenschau. Erst waren alle skeptisch, nach dem Motto: ›So ein Schmarrn, das kostet nur Geld‹, aber dann waren sie voll dabei und haben 15.000 Dauerkarten gekauft. Wir sind schon eher ›Grantler‹, aber wenn wir lustig sind, dann lassen wir es doppelt krachen.

Peter Kirmair steht im Künstlerhof auf der Bühne

Ist deshalb der Fasching in Rosenheim so beliebt?
Am Faschingsdienstag auf dem Max-Josefs-Platz ist immer nur ein Teil lustig und produziert sich, der andere schaut aus der Distanz zu.
Zu welcher Fraktion gehören Sie?
Zu den lustigen ›Deppen‹. Ich maskier mich gern. Des is einfach schee.

Rosenheimer haben Humor, aber der Regisseur Josef Vilsmaier hat es sich trotzdem mit ihnen verscherzt. Schuld ist sein Werk ›Bavaria‹ aus dem Jahr 2012. In dieser filmischen Liebeserklärung an Bayern hat er Rosenheim übersehen. Selbstverständlich hat Kirmair beim Anstich in diese Wunde gestochen: »Wasserburg, Halfing, Irschenberg – aber keine Szene, ned amoi eine Erwähnung von Rosenheim … – ja, geht's no?«

Bayern ist ein Sehnsuchtsort und die bayrische Mentalität einzigartig, oder?
›Mia san scho guad!‹ *(lacht)* Vielleicht entspringt unsere Lebensart auch einem gesunden Verhältnis zum Tod. Zumindest ist es bei mir so. Arbeiten, als wäre es der erste Tag, und leben, als wäre es der letzte.
Eine Ihrer Paraderollen mit der ›Volksbühne St. Nikolaus‹ war der Tod, also der ›Boandlkramer‹, im Theaterstück ›Brandner Kasper‹. Welche Spuren hinterlässt so eine Figur?
Spätestens danach weiß man, wie es läuft: Geht es nicht über den Berg, dann geht's halt um den Berg rum, aber weiter geht es immer.

Aufhören kann Kirmair ohnehin nicht, allein schon aus Selbstschutz vor seinen Opfern, deshalb ist nach dem Auftritt vor dem Auftritt. Zeit für die Badewanne.

KÜNSTLERHOF
LUDWIGSPLATZ 15
83022 ROSENHEIM
WWW.VOLKSBUEHNE-RO.DE

Diesem Bauwerk wohnt eine Seele inne
Die Quest-Architekten beleben die Kunstmühle

Rosenheim hat hervorragende Schönheitschirurgen: Es sind die Quest-Architekten. Sie haben das alte Gemäuer der Kunstmühle an der Mangfall in ein modernes Schaustück verwandelt. Es waren lebensrettende Maßnahmen in letzter Minute: Wo früher Roggen, Weizen und Gries gemahlen wurde, brachen sich bereits Bäume durch das Dach, als sich die Architekten 2003 dem Gebäude annahmen. Thomas Gerhager erinnert sich lebhaft an die erste Begehung. »Ich hatte sofort das Gefühl, diesem altehrwürdigen Bauwerk wohnt eine Seele inne, obwohl es bereits jahrelang leer stand und am Verfallen war. Es war eine schöne Herausforderung, den alten Mauern ihre Würde wiederzugeben.«

Er und seine Kollegen haben durch die Arbeit an der Kunstmühle zusammengefunden und die Quest-Architekten-Gemeinschaft gegründet. Inzwischen sind sie zu fünft und agieren gleichberechtigt ohne Chef. »Dadurch wird die Arbeit eines jeden Einzelnen auf den Prüfstand gestellt, oft mehr als einem lieb ist«, erklärt Gerhager. »Aber es lohnt sich: Am Ende gewinnt immer die Qualität.«

Einer für alle, alle für einen – so retten die Quest-Architekten in der Region, was zu retten ist: die Kunstmühle, die Burgermühle im Osten der Altstadt und die alte Spinnerei im Nachbarort Kolbermoor, um nur einige Beispiele zu nennen. Martina Leibold erklärt die Philosophie des Teams: »Wir knüpfen respektvoll und feinfühlig an die Historie der Gebäude an. Gleichzeitig bringen wir sie mit modernen Möglichkeiten auf die Höhe unserer Zeit.« Ihre Kollegin Melanie Lorch ergänzt: »Alte Häuser sind vergleichbar mit älteren Menschen: Sie vermitteln das Gefühl von Beständigkeit und Geborgenheit. Nach diesen Werten sehnt sich unsere schnelllebige Gesellschaft, auch deshalb haben historische Bauten immer eine besondere Bedeutung für ihre Stadt.« Am Anfang ist es stets das Gleiche: Fragen über Fragen. Leibold zählt sie auf: »Wo hat das Haus sein Gesicht? Was erzählen die alten Mauern? Wie sollen sie künftig genutzt werden? Wie bringe ich die gewünschten Funktionen und Räume unter, ohne dabei

Firmensitz Rosenheim

das Gesamtbild zu zerstören?« Der Abrissbirne gilt es dabei aus dem Weg zu gehen. »Wenn das Gebäude eine Geschichte erzählt, sollte es erhalten bleiben«, findet Leibold. Ohnehin sind die meisten Bauten so stabil errichtet worden, dass ihre Mauern keine Probleme machen.

Trotzdem können die Quest-Architekten auch neue Wege beschreiten. »Alles, nur nicht den Toskana-Stil«, wirft Leibold ein. Sie liebt die italienische Gegend, aber ihr Baustil passe nicht in die heimische Region, findet sie. Die gebürtige Rosenheimerin fühlt sich für die Landschaft verantwortlich. Umso mehr, als sich niemand der Wirkung eines Gebäudes entziehen kann, sobald es steht. Der Trend ist auf ihrer Seite. »Glücklicherweise beobachten wir eine neue Heimatverbundenheit, die sich auch in der Architektur niederschlägt.« Immer mehr Bauherren konzentrieren sich auf das Wesentliche und verzichten auf »Schnickschnack und aufgesetzte modische Elemente«. Der oberbayrische Baustil lässt sich schließlich auch ohne kitschige Jodelidylle umsetzen. An der Wand von Leibolds Büro hängen Beispiele aus Grainbach am Samerberg, wo das Architektenteam gerade Häuser baut, die sich geschmeidig in ihr Umfeld fügen.

Im Raum nebenan arbeitet Katja Stelzer. Obwohl unter den fünf Architekten keine festen Rollen verteilt sind, konzentriert sich die Innenarchitektin verstärkt auf die sinnlichen Aspekte. »Welche Atmosphäre schaffen die Formen, Farben und Materialien eines Raumes?

Die Quest-Architekten beleben die Kunstmühle

Was bewirkt die Lichtstimmung? Nach und nach kommen die Ideen und irgendwann erreicht man den Punkt, an dem der rote Faden gefunden ist und sich alles rund anfühlt. Dann weiß man, dass die Sache gut wird. Ich finde es schön, wenn Räume überraschen und eine gewisse Poesie versprühen.«

Apropos Poesie: Sie liegt in Rosenheim am Wasser und damit am Inn. »Der wurde bislang von der Stadtplanung ziemlich sträflich behandelt«, findet Leibold. Erst seit der Landesgartenschau 2010 habe sich langsam etwas geändert. »Die Rosenheimer wenden sich immer mehr ihren Gewässern zu und genießen sie. Endlich!« Die Architektin freut sich über eine insgesamt positive Tendenz. »Rosenheim hat das Glück, mutige Investoren zu haben, die in den vergangenen zehn Jahren Glanzpunkte in der Stadt gesetzt haben.«

Jeder im Team hat etwas zu sagen, nur einer nicht: Gerhard Moses. Der Baumeister, der die Wiederbelebung der Kunstmühle maßgeblich geplant hat, äußert sich ungern. Er findet, die Architektur spreche für sich. Einen Kommentar lässt er sich aber doch entlocken: »Jedes Objekt ist ein Einzelfall, hat andere Voraussetzungen, Investoren und Bauherren. Letztere haben erfahrungsgemäß ihre eigenen Vorstellungen, und unsere Aufgabe ist es, das Beste daraus zu machen, indem wir die Dinge gut lenken – wie zum Beispiel bei der Kunstmühle.«

Der Spaziergang zu ihr lohnt sich nicht nur für Architekturinteressierte, schließlich ist das Café Dinzler darin untergebracht. Doch den Quest-Architekten fehlt die Zeit zum Kaffeetrinken. Sie müssen zurück ins Büro – die nächsten Rundumerneuerungen stehen an.

KUNSTMÜHLE
KUNSTMÜHLSTRASSE 12
83026 ROSENHEIM

ARCHITEKTENBÜRO
INNAUSTRASSE 11
83026 ROSENHEIM
WWW.QUESTARCHITEKTEN.DE

Es liegt an den Vätern
Stephan Müller tanzt im Ballhaus

Der Tanzlehrer hatte Heimweh. Es war Zeit, nach Rosenheim zurückzukehren. Stephan Müller hatte lange genug an der ›Tanzschule am Deutschen Theater‹ in München unterrichtet, jetzt wollte er in seiner Heimatstadt eine eigene Tanzschule eröffnen. Es fehlte nur noch der passende Raum. 2002 fand er ihn im frisch renovierten Ballhaus in der Weinstraße: Hier wirbelten bereits Mitte des 19. Jahrhunderts Herren ihre Damen übers Parkett. Müller unterschrieb den Mietvertrag.

»Hand to hand«, hallt die Stimme des Tanzlehrers durch den Raum. Seine Schüler üben den Cha-Cha-Cha. Die Grundschritte beherrschen sie bereits, jetzt sollen sie eine offene Figur probieren. Den meisten gelingt es. Sie bleiben im Takt. Ganz offensichtlich machen die lateinamerikanischen Rhythmen den Jugendlichen Spaß. »Tanzen ist schon lange nicht mehr uncool«, stellt Müller fest. Die RTL-Fernsehsendung ›Let's dance‹ habe einen großen Beitrag zu dieser Entwicklung geleistet. »Es gibt keine bessere Werbung für uns als diese Show.«

»Eins, zwei, Cha-Cha-Cha«, zählt Müller und spaziert dabei im Takt in Richtung Bar. Es ist Samstag, im Anschluss an die Stunde beginnt die wöchentliche Tanzparty. Die ersten Besucher drängen schon durch die Tür des Ballhauses. Die Zeiten, in denen junge Männer zum Discofox gezwungen werden mussten, sind augenscheinlich vorbei. »Die Jungs haben endlich erkannt: Nirgends kann man Frauen legaler nahekommen als auf der Tanzfläche«, erklärt Müller, den hier alle nur beim Vornamen nennen, lachend und streift seine Haare zurück zum Pferdeschwanz. Obwohl er doppelt so alt wie seine Schüler ist, fühlt er sich genauso jung. Das liege an seiner Passion. »Auf dem Parkett gibt die Lebensfreude den Takt vor.«

Eigentlich wollte Müller Technischer Zeichner werden, entschloss sich dann aber dazu, sein Hobby zum Beruf zu machen – und dabei hatte er sich noch vor seinem Schulabschlussball gedrückt. Irgendwann ist er dennoch im ›Glorias Tanz College‹ gelandet. »Wie damals so ziemlich alle in Rosenheim. Wer etwas auf sich hielt, ging in die Schule von Gloria Link«, erinnert sich Müller. Als ihm dort

Achtet auf das Taktgefühl: Tanzlehrer Stephan Müller im Ballhaus

erstmals der Gedanke kam, Tanzlehrer zu werden, hatte das weniger mit den klassischen Standard- und Lateinschritten zu tun, als vielmehr mit dem Tresen. »In der zweiten Stunde habe ich den Lehrer lässig an der Bar lehnen sehen und für einen Moment gedacht: »Das könnte ein Job für dich sein.« Gloria fand das auch und animierte ihn zur Ausbildung.

Nun steht er selbst hinter der Theke und wechselt die Musik. Der Cha-Cha-Cha ist vorbei. Ein Salsa schwingt sich im Vierviertaltakt aus den Lautsprechern, direkt in die Beine der Tänzer. Die Jugendlichen folgen den Trommeln, verlagern ihr Gewicht von einem Fuß auf den anderen. Ein junger Mann bewegt sich, als hätte er den Rhythmus mit der Muttermilch aufgesogen. Erstaunlich, dass gerade Männer aus angeblichen ›Machokulturen‹ so selbstbewusst die Hüften schwingen. Liegt Rhythmus doch im Blut? »Ganz und gar nicht«, meint Müller. »Der einzige Unterschied zwischen Südamerikanern und Nordeuropäern ist, dass bei uns Jungs selten tanzende Männer sehen, während sie in Lateinamerika zum Alltagsbild gehören. Kinder imitieren ihre Eltern. Deshalb liegt es an den Vätern, ob Jungs tanzen.« Die Schule im Ballhaus unterstützt deren Erziehungsarbeit mit dem ›Pampers Tanzen‹, zu dem bereits Zweijährige mit Papa oder Mama eingeladen sind. Die Kurse kommen an, besonders bei den Knirpsen.

Müller muss schnell auf die Tanzfläche. Es gibt Probleme. Eine Dame will die Führung übernehmen. Der Herr protestiert. Das Ergebnis: Beide bleiben auf dem Parkett stehen, nur die Musik läuft weiter und mischt sich mit dem Hilferuf der Frau: »Stephan, wir brauchen dich!« In Sekundenschnelle hat der Lehrer die Situation eingeschätzt. Bei persönlichen Konflikten hält er sich raus, aber in diesem Fall scheint der Streitpunkt sein Metier zu betreffen. Schmunzelnd nähert er sich dem Paar. »Also, ich bin hier nur das Bodenpersonal. Hier ist der Pilot.« Er zeigt auf den jungen Mann, anschließend auf seine Partnerin. »Das ist die Kopilotin. Der Pilot ist der Chef, aber bevor die Maschine abstürzt, darf die Kopilotin eingreifen.« Der Tänzer meint, es hätte keine Notsituation gegeben, die Tänzerin widerspricht und beklagt sein mangelndes Taktgefühl. Erwartungsvoll schauen beide zu ihrem Lehrer. Er soll entscheiden. Sein Urteil ist eindeutig: »Wenn die Dame lächelt, hat der Herr gut geführt.« *Jetzt* lächelt die Dame siegessicher. »So wie sich die Paare zu Hause arrangieren, so läuft es auch auf der Tanzfläche. Du siehst die Charaktere«, weiß Müller.

Früher war die Tanz- immer auch eine Benimmschule und daran hat sich nichts geändert. Zweimal im Jahr wird im Ballhaus ein großer Abschlussball veranstaltet, für den die Jugendlichen in jeder Hinsicht parkettsicher gemacht werden müssen. Wenn sie dann an ihrem großen Abend in den Saal einziehen, freut sich Müller, dass er ein wenig Wiener Opernball nach Rosenheim gebracht hat. Damals, 2002, als er heimkehrte.

DIE TANZSCHULE ROSENHEIM
IM BALLHAUS
WEINSTRASSE 12
83022 ROSENHEIM
WWW.TANZSCHULE-ROSENHEIM.DE

Die Breze ist die Königsdisziplin
Matthias Wolter in seiner Bäckerei am Ludwigsplatz

Er kennt die Münchner, er kennt die Rosenheimer und er kennt den Unterschied. Der Bäckermeister Matthias Wolter hat 20 Jahre für die Landeshauptstadt gebacken, bevor er am Rosenheimer Ludwigsplatz 15 seine eigene Brot- und Feinbäckerei eröffnete – mit ehrgeizigem Ziel. »Wir wollen die besten Brezen der ganzen Stadt backen, denn daran wird ein Bäcker in Bayern gemessen.« Nicht umsonst ist das traditionelle Zunftzeichen die Breze, gerne von Löwen gehalten und oft gekrönt. Sie ist eben die Königsdisziplin der Backkunst.

»Der Bauch wölbt sich unter der Kruste, bis sie aufspringt. Sie ist knusprig und gleichzeitig saftig. Ihre Ärmchen sind kross, aber niemals trocken. Ein leichtes Laugenaroma darf nicht fehlen«, erklärt Wolter am ›lebenden‹ Beispiel. Wenn Brezen aus dem Ofen kommen, atmen sie nämlich noch. Hier holen ständig welche Luft, weil Wolters Verkaufsraum gleichzeitig seine Backstube ist. Er lässt sich gerne bei der Arbeit zusehen, um zu zeigen, worauf es ihm ankommt: Handarbeit, Qualität und regionale ökologische Zutaten. Natürlich wird hier auch Brot gebacken, »ausschließlich tagsüber, damit es so frisch wie möglich ist.« Der angenehme Nebeneffekt: Wolter muss erst um 4 Uhr morgens aufstehen. Für einen Bäcker bedeutet das ›Ausschlafen‹.

Er hätte sich auch in München selbstständig machen können, aber er wollte unbedingt nach Rosenheim. Warum? »Münchner kaufen Dinge, weil sie etwas darüber gelesen haben. Rosenheimer vertrauen ihrem Geschmack und ihrem gesunden Menschenverstand. Das ist der Unterschied.« Vor seiner Backstube beißt eine Einheimische in eine Wolter-Breze. »Die Beste von ganz Rosenheim!«, schwärmt sie.

WOLTER BROT- UND FEINBÄCKEREI
LUDWIGSPLATZ 15
83022 ROSENHEIM
WWW.WOLTER-BROT.DE

Das Mädchen mit den Millionen
Gertraud Stumbeck residierte am Max-Josefs-Platz

Langsam schließt sich die schwere Tür hinter ihr. Die Millionenerbin Gertraud Stumbeck ist wieder daheim. Mit schweren Einkaufstaschen steigt sie langsam die Treppe hoch. Sie kennt jede einzelne der Stufen genau. Ihr ganzes Leben hat die Frau in diesem Haus mit der Nummer 11 am Max-Josefs-Platz verbracht, mitten in Rosenheim. Trotzdem bekommen sie nur wenige zu Gesicht: Ihre Freundin aus dem Milchladen um die Ecke, ihr Chauffeur und die Prokuristen ihrer Firma gehören dazu. Diese Menschen empfinden den Kontakt als Privileg, denn Gertraud Stumbeck ist eine besondere Frau.

Ihr Vater war der Unternehmer Nikolaus Tolentin Stumbeck I. Mit seinem Geschäftssinn und Können gründete er 1834 die gleichnamige Eisenwarenhandlung und wenig später die Maschinenfabrik. Den Erfolg seiner Firma konnte er jedoch nur kurz genießen. Er verstarb früh wie auch seine Frau und sein Sohn. Die Tochter Gertraud blieb mit zwölf Jahren mit einem Riesenerbe zurück. Der Geschäftsführer ihres Vaters nahm sie als Pflegekind auf und erzog sie mit Privatlehrern zu einer bescheidenen Frau mit guten Manieren, bis sie dem entsprach, was die Gesellschaft damals von einer ›höheren Tochter‹ erwartete. Das Haus mit der schweren Tür mit dem kunstvollen Eisengitter verließ sie nur selten. Ein einsames Leben in Gefangenschaft?

»Nein, ganz sicher nicht«, widerspricht Karin Wiesböck. Der Stadtführerin, die sich unter anderem auf Rosenheimer Persönlichkeiten spezialisiert hat, liegt Gertraud Stumbeck besonders am Herzen. Jetzt steht sie vor deren einstigem Zuhause mit »der für mich schönsten Tür Rosenheims«, erklärt Wiesböck und erweckt die Geschichte des Waisenmädchens zum Leben. Man lauscht und glaubt förmlich, eine Gestalt auf der Treppe zu sehen.

Mit 35 Jahren war Gertraud Stumbeck frei, um ihr Leben nach eigenen Vorstellungen zu gestalten. Inzwischen waren auch ihre Pflegeeltern verstorben und die Firma ihres Vaters entwickelte sich prächtig. Trotzdem veränderte die Erbin ihr Leben nicht – zumindest nicht erkennbar. Sie blieb wie die Jahre zuvor zu Hause und bestellte ihre

Vom ehemaligen Kaiserbad steht nur noch das Eingangsportal – mit Engel

Prokuristen zum Rapport in den Salon. ›Trautes Heim, Glück allein‹ schien ihr Lebensmotto zu lauten. Die Wahrheit aber war eine andere. Stumbeck hatte sich ein Fluchtauto gekauft: einen schwarzen Mercedes 180. Und sie hatte einen Fluchthelfer engagiert: einen jungen Chauffeur. Gemeinsam erkundeten sie die Umgebung, zogen schon bald weitere Kreise und reisten in die Welt. Ab und zu ließen sie ein Beweisfoto aufnehmen, auf dem sie zufrieden in die Kamera schauten. Zwischen den Touren ließ sich Stumbeck nach München ins Feinkostgeschäft Dallmayr kutschieren, um schwer beladen heimzukommen und schnell hinter ihrer Eingangstür zu verschwinden. Doch nachdem die Millionenerbin 1983 starb, profitieren die Rosenheimer bis heute vom Weitblick dieser Dame.

Entgegen des äußeren Anscheins nahm sie sehr wohl am Leben ihres Heimatorts teil, indem sie sich um ihre Bewohner sorgte. Ihr Privatvermögen ließ sie in eine der bedeutendsten Stiftungen der ganzen Stadt umwandeln. So konnte die Gertraud-Stumbeck-Stiftung innerhalb von 25 Jahren fast zwei Millionen Euro in gemeinnützige Projekte leiten. »Sie hatte ein großes Herz für Leute in Not«, erklärt die Stadtführerin ihre Sympathie für die Frau, bevor sie die nächste Rosenheimer Persönlichkeit für kurze Zeit wiederauferstehen lässt.

Gertraud Stumbeck residierte am Max-Josefs-Platz

Lange vor der großzügigen Erbin setzte sich ein Doktor gleichermaßen für wohltätige Zwecke in seiner Stadt ein und hinterließ 1657 die nach ihm benannte Dr. Geiger'sche Stipendienstiftung ›für bedürftige Rosenheimer Kinder, die zum Studium taugen‹. Der Arzt war zu seiner Zeit das, was man heute als ›Starmediziner‹ bezeichnen würde. Als ›Steinschneider‹ und ›Starstecher‹ befreite er die Menschen von Nierensteinen und heilte ihre Augen. Durch öffentliche Operationen wollte er den ›einfachen‹ Leuten zeigen, was Medizin vollbringen konnte. Sein guter Ruf wurde auch in München bei Hofe vernommen und Dr. Geiger mit seinen Werkzeugen immer wieder engagiert, doch sein Herz gehörte den Rosenheimern. Er bewies es ihnen in Zeiten der Pest unter Einsatz seines Lebens. Während der Schwarze Tod durch die Stadt zog, besuchte er die Kranken zu Hause und erstaunte alle damit, dass er gesund blieb. Vielleicht lag es an der Küpferlingquelle? Dr. Geiger hat die stark eisenhaltige Quelle 1615 entdeckt und war von ihrer Heilwirkung überzeugt. 85 Jahre später ließ der Ratsherr Ruedorffer die Quelle fassen. Der Grundstein für den Bäderort Rosenheim war gelegt. Selbst der deutsche Kaiser Wilhelm I. kurte insgesamt siebenmal in der Stadt. Stolz tauften die Rosenheimer ihr Heilbad ›Kaiserbad‹. Heute ist es ein Parkplatz, nur das ehemalige Marmorportal mit dem Kaiseradler erinnert an der Ecke Kaiser-/Rechenauerstraße an den Bädertourismus vergangener Zeiten.

Und Dr. Geiger? Er hat seine eigene Straße bekommen. Die fehlt Gertraud Stumbeck noch, dafür erinnert eine der bezauberndsten Türen Rosenheims an sie – und eine Treppe, auf der man mit viel Fantasie noch heute ihre Schritte hören kann.

MAX-JOSEFS-PLATZ 11
83022 ROSENHEIM

Gegen alles ist ein Kraut gewachsen
Johannes Herterich lädt in die ›Alte Apotheke‹ ein

Im Fenster hängt ein Krokodil, im Regal steht eine giftgrüne Flüssigkeit mit dem Etikett ›Chiemgauer Nervengeist‹. Wer diesen Raum betritt, hat die Hoffnung, dass alles besser wird. Das war in der ältesten Apotheke Rosenheims schon immer so. Auch der Duft hat sich kaum geändert. Es riecht nach Kamille, Pfefferminze und Anis. »Kräuter waren die erste Medizin der Menschheit«, erklärt Hausherr Johannes Herterich und freut sich, dass sich sein historisches ›Kräuterkammerl‹ neben modernen pharmazeutischen Produkten behaupten kann. Hier laufen Geschichten zusammen, die er am Leben erhält. Eine der ältesten, von denen Herterich berichtet, spielt am Inn ...

»Die jungen Burschen standen erwartungsvoll und gleichzeitig unsicher auf den Holzplanken des Schiffs. Es war kein gemütlicher Ort, den ihnen der kurfürstliche Hof- und Leibschiffmeister Johann Rieder zugewiesen hatte. Sie mussten direkt an der Kante stehen und unter ihnen floss der Inn. Schnell, kalt und undurchschaubar. Wollten sie wirklich auf einem Schiffszug arbeiten? Genau deshalb waren sie hier. Sie mussten Geld verdienen und konnten nicht ahnen, dass sie im nächsten Moment um ihr Leben kämpfen würden. Johann Rieder hatte sich eine besondere Einstellungsprüfung ausgedacht.

Zur gleichen Zeit musterte am Inntor der Pharmazeut Siebenkerl jeden, der nach Rosenheim wollte. Insgeheim hatte er es besonders auf Quacksalber und Wunderheiler abgesehen, die ihm zunehmend Konkurrenz machten. Nur dank eines überzeugenden Beschwerdebriefes an den Magistrat, hatte er seine Existenz sichern können: Die Herren hatten ein Einsehen und versorgten ihn mit der Aufgabe, Menschen mit ansteckenden Krankheiten am Stadttor zu identifizieren. Sie sollten draußen bleiben. Ein geschulter Blick reichte ihm zur Diagnose. Im Gegensatz zu den selbst ernannten Kollegen kannte er sich mit allerlei Symptomen aus. Es war ein Jammer, dass sich ein Mann wie er gegen das ungebildete Pack mit seinen teuren Versprechungen und billigen Rezepten behaupten musste. Siebenkerl

Das ›Kräuterkammerl‹ mit seinen Schätzen: rund 400 getrocknete Heilgewächse

winkte zwei ratschende Marktweiber durch das Tor und ein leichter Wind wehte Wortfetzen zu ihm. Er verstand ›Einhorn‹. Vermutlich gab ein Quacksalber vor, eines gesehen zu haben. Unglaublich, schließlich zeigte sich das Tier nur weisen, auserwählten Menschen. Jetzt meinten die Weiber sicherlich, dieser Aufschneider verfüge über besondere Heilkräfte. Sollte sich Siebenkerl vielleicht auch auf die Suche nach dem mystischen Wesen machen? Schaden konnte es nicht.«

»Viele Apotheken hießen früher ›Einhorn-Apotheke‹, auch diese hier«, erklärt Herterich. Mystik gehörte zum Geschäft und die Apotheker übernahmen die Rolle der weisen, weit gereisten Männer. »Ihr Image verstärkten sie mit ausgestopften Tieren und Souvenirs aus aller Welt.« Erst ab 1742 hieß Rosenheims Apotheke wie ihr damaliger Besitzer: ›Rieder‹. Der Name geht auf jenen Schiffsmeister zurück, der zwei Generationen zuvor auf dem Inn Bewerber testete.

»Johann Rieder stieß die jungen Männer ins kalte Wasser. Wer von ihnen würde oben bleiben? Es war ein spannender Moment: Die wenigsten konnten im 17. Jahrhundert schwimmen. Zwei kämpften sich

Johannes Herterich lädt in die ›Alte Apotheke‹ ein

mit kräftigen Zügen ans Ufer. Die anderen schlugen panisch um sich, schluckten Wasser und schickten Stoßgebete zum Himmel. Rieder hatte genug gesehen. Er ließ die Nichtschwimmer aus dem Fluss ziehen und gratulierte ihnen. Sie hatten sich soeben für die Arbeit auf seinem Schiffszug qualifiziert – weil sie nicht heimlich bei Nacht mit seinen wertvollen Waren davonschwimmen konnten.«

Die Geschichte ist verbürgt und Herterich erzählt sie amüsiert. »Der Enkel des handfesten Schiffmeisters kaufte im 18. Jahrhundert die ›Alte Apotheke‹. Er konnte wohl wenig mit der Art seiner Vorfahren anfangen«, vermutet er. Nach acht Generationen übergab die Familie Rieder 1937 ihre traditionsreiche Apotheke an Herterichs Großvater. »Den letzten Nachfahren der Rieder habe ich vor fünf Jahren kennengelernt. Er war gerührt, wie sehr wir die Historie des Hauses und seiner Familie pflegen«, berichtet Herterich, der das Interesse an der Vergangenheit der Apotheke von seinem Großvater übernommen hat. »Er hat die Grabsteine der Rieders abgeschrieben und festgestellt, dass Rosenheimer Bürgermeister unter ihnen waren. Diese Familie gehört zur Stadtgeschichte«, fasst Herterich zusammen. Nicht zuletzt auch dank eines großzügigen Verkaufs: 1925 überließ der Geheimrat Rieder seinen ehemaligen Apothekergarten für eine geringe Summe der Stadt als Erholungsfläche. Heute wachsen hier, in dem nach ihm benannten Garten, wieder Pflanzen, die dort bereits vor 200 Jahren für die ›Alte Rieder'sche Apotheke‹ gezogen wurden.

Die Zeitreise führt auf den Dachboden

›Gegen alles im Leben ist ein Kraut gewachsen‹ verspricht ein Schild im ›Kräuterkammerl‹, und es scheint, als sei jedes einzelne vorrätig. Inmitten von rund 400 getrockneten und verpackten Heilgewächsen zieht Herterich einen Beutel mit Kamille aus einem Fass.

20 bis 30 Kilo verkauft er davon im Monat. »Kamille und Pfefferminze sind seit Jahrhunderten am beliebtesten.« Heute entdeckten die Menschen die Vorzüge der Pflanzen neu. »Sie greifen zunehmend auf alte, erprobte Rezepte zurück, weil sie gute Erfahrungen damit machen.«

In den 70er-Jahren öffnete Herterichs Familie die Kräuterschatzkammer für die Öffentlichkeit. Seitdem hat sie sich in Rosenheim und dem Umland zu einer Anlaufstelle entwickelt. Gleichwohl ist ihr Betrieb für Herterich eine Liebhaberei. Als Kaufmännischer Leiter weiß er, wie wenig sich Kräuter alleine rechnen. »Aber wer ein Traditionshaus erbt, erbt auch die Verantwortung dafür.« Obwohl er selbst kein ausgebildeter Apotheker ist und während des Studiums in die kaufmännische Spur wechselte, pflegt er die Geschichte des Geschäfts mit Engagement und Herzblut. Mindestens zweimal im Jahr bietet er Führungen durch das historische Gebäude an, die meist sofort ausgebucht sind. Auch die Experten des Deutschen Apothekenmuseums in Heidelberg loben die große Anzahl an Exponaten an ihrem ursprünglichen Ort: Die alte Ladeneinrichtung wurde originalgetreu im ersten Stock aufgebaut, der heute als Ausstellungsraum dient.

Lauter Originale in der Alten Apotheke

Selbst der alte Schiffsmeister Johann Rieder hat am Ludwigsplatz 21 ein Zuhause gefunden: In der ersten Etage zeigt ein großes Fresko aus dem Jahre 1809 ihn mit seiner Familie. Dabei ging es zu seiner Zeit weniger um seine Person als vielmehr um seine Tiere. »Sie waren der größte Besitz hier auf dem Land«, beschreibt Herterich die Vergangenheit. »Logischerweise wurden auch die Arzneimittel auf die Bedürfnisse von Kühen, Schweinen und Pferden abgestimmt. Menschen nahmen die gleiche Medizin, nur eben in geringerer Dosierung.« Ein Zeugnis dieser Tage ist der Schriftzug ›Chiemgauer Durchfallpulver für Großtiere‹ auf einer Packung, die im Museumsregal steht, unweit vom Waldschneckensaft, der als ›bewährtes Hustenmittel für Kinder‹ auf sich aufmerksam macht. Dabei verspricht er ›guten Geschmack und sichere Wirkung‹.

Johannes Herterich lädt in die ›Alte Apotheke‹ ein

Die wirklich lebensgefährlichen Sachen waren einst jedoch unter dem Dach versteckt. Über eine alte Holztreppe führt Herterich zur Giftkammer, die im Trockenraum für Heilpflanzen integriert war. Ihre Tür mit dem warnenden Totenkopf bleibt verschlossen, nur die Fantasie hat Zugang, bevor Herterich sie auf den Boden der Tatsachen zurückholt. Buchstäblich. Er erzählt von den alten Tonfliesen, die im Trockenraum noch heute für ein gutes Klima sorgen. Der Boden unter den mittlerweile 400 Jahre alten Dachbalken war früher ein Arbeitsraum, repräsentiert wurde einen Stock tiefer. Die Damen unter den Rieders beherrschten die Repräsentation – der beste Beweis hängt noch heute an der Wand: das Gemälde eines schönen weiblichen Familienmitglieds. Der Maler war kein geringerer als Wilhelm Leibl, der nur äußerst selten Bürgerinnen porträtierte. Wenn doch, arbeitete er erkennbar emotionsfrei, nur bei Frau Rieder machte er unfreiwillig eine Ausnahme. »Als Leibl die Gattin des Apothekers gemalt hat, war er schon in seinen Fünfzigern, aber offensichtlich nicht vor der Liebe gefeit«, sagt Herterich. Ob die Gefühle des Künstlers erwidert wurden, ist leider nicht überliefert.

Die Hausbesichtigung endet unter dem Krokodil. Zum Glück ist es allein. Es gab Zeiten, da krochen im Schaufenster der ›Alten Apotheke‹ lebende Schlangen umher, selbst eine Boa constrictor befand sich darunter. Herterichs Vater und Großvater organisierten die Tiershow und einen erfahrenen Pfleger. »Es war eine Sensation, vor unserem Fenster bildeten sich Menschentrauben«, erinnert sich der Hausherr. Ein bisschen Mystik gehört eben immer noch dazu.

ALTE APOTHEKE ROSENHEIM
LUDWIGSPLATZ 21
83022 ROSENHEIM
WWW.ALTEAPOTHEKE-ROSENHEIM.DE

34 Robin Wood, die Helden in Zunfthosen
Veronika Wegerer an der Hochschule Rosenheim

Am Ende schloss Veronika Wegerer als einzige Frau unter lauter Männern ihr Studium ab. Dabei war sie am Anfang noch angenehm überrascht gewesen von der hohen Frauenquote in ihrem Studiengang ›Holzbau und Ausbau‹. Elf Studentinnen und 68 Studenten hatten sich dafür entschieden. Sie folgten dem guten Ruf der Hochschule für angewandte Wissenschaften nach Rosenheim. Wer ›Holz lernen‹ will, kommt aus ganz Deutschland hierher. Wegerer hatte sich schon als Gymnasiastin in den Kopf gesetzt, etwas Technisches zu studieren. Inzwischen ist sie Holzbauingenieurin und arbeitet in einem Rosenheimer Betrieb. Ihr Beruf gefällt ihr und sie ist überzeugt, dass er auch anderen Frauen Freude machen könnte.

Erika Thimel: Warum haben Ihre Mitstudentinnen aufgegeben?
Veronika Wegerer: Das hat mich der Studienleiter auch gefragt. Ich habe ihm geantwortet, dass es nicht am Studiengang liege, sondern an den falschen Vorstellungen davon. Die wenigstens haben wegen nicht bestandener Prüfungen aufgehört. ›Holzbau und Ausbau‹ ist kein kreativer Studiengang, sondern ein technischer, deshalb sollte man an Mathe und Physik Spaß haben.
Wieso sind diese Fächer noch immer Männerdomänen?
Ich glaube, das liegt an der Einstellung: Männer trauen sich Technik eher zu. Ich selbst war unsicher, ob ich das Studium schaffen würde. Durch den Leistungskurs Mathe hatte ich letztendlich den Mut dafür. Vielleicht sollten Mädchen auch technische Spielsachen bekommen, um mit dem Thema vertraut zu werden.
Wie war das bei Ihnen zu Hause?
Mein Vater ist Berufsschullehrer für Schreiner. Ich war als Kind oft mit ihm in seiner Werkstatt. Holz hat mich schon immer gereizt, weil es ein warmer, lebendiger Werkstoff ist. Außerdem riechen die Baustellen gut. Das traditionelle Material erlebt gerade eine Renaissance als moderner Rohstoff.
Trotzdem waren Sie schon nach zwei Semestern die einzige Studentin.

Hutpflicht bei den ›Holzern‹

Wie war das für Sie?
Erst war ich etwas enttäuscht und danach habe ich es genossen, weil es so unkompliziert war. Männer sind geradeheraus, ehrlich und zicken nicht rum. Nach einer Konfrontation ist alles wieder gut. Die sind nicht nachtragend. Natürlich muss man erst einmal zeigen, was man kann, und sich beweisen. Für Männer ist das eine Selbstverständlichkeit, als Frau kann man davon nur lernen.

Hochschulen sind immer auch Kontaktbörsen. Wie sind Sie mit Annäherungsversuchen umgegangen?
Ich habe von Anfang an klare Verhältnisse geschaffen. Die wussten alle, dass ich einen Freund habe und vergeben bin. Das war kein Problem.

Zum Studentenleben gehören Partys. Wie feiert es sich mit lauter Jungs?
Super! Die ›Holzer‹ haben die besten und beliebtesten Partys. Dazu gehört unser traditioneller Bieranstich genauso wie ein Fußballturnier. Zu den Partys kommt die gesamte Hochschule gerne, auch die Mädels der Fakultät für Innenarchitektur. *(lacht)*

Was ist an den ›Holzern‹ so besonders?
Sie haben Charakter. Wenn man in Rosenheim einen kräftigen Burschen mit langen Haaren und Bart sieht, ist das sicher ein ›Holzer‹. *(lacht)* Das sind naturverbundene und gleichzeitig bodenständige Typen, auf die man sich verlassen kann. Viele sind gelernte Zimmerer, die ein Studium an ihre Ausbildung hängen. Manche gehen sogar noch auf die Walz. Einer ist bis nach Afrika gekommen.

Was kann Rosenheim weit gereisten Studenten bieten?
Eine unschlagbare Umgebung: Nirgendwo sonst hat man Berge, Seen und Italien vor der Haustür. Gerade für sportliche Studenten ist Ro-

Veronika Wegerer an der Hochschule Rosenheim

senheim ein Traum. Außerdem ist es eine sympathische Studentenstadt, in der man sich nicht verloren fühlt wie vielleicht in München. Vom Campus aus lässt sich alles mit dem Rad erreichen.

Was hat es zu bedeuten, dass auf Ihrem Hochschulgelände Studenten mit Hut unterwegs sind?

Das ist eine Tradition von uns ›Holzern‹: Der letzte Jahrgang trägt Hut – immer ein eigenes Modell. Wir hatten einen braunen mit breiter Krempe und das Motto ›Robin Wood, Helden in Zunfthosen‹. Der Hut muss im Landkreis Rosenheim immer getragen werden und darf nur zum Schlafen abgenommen werden. Außerdem haben wir eine eigene Musikgruppe, genannt die ›H8-Band‹. Sie bildet sich jedes Jahr neu aus dem Abschlusssemester und spielt auf allen Veranstaltungen, unter anderem selbst gedichtete Lieder, die wirklich witzig sind.

Was ist sonst noch einzigartig an Ihrer Hochschule?

Das Studium ist sehr fordernd und praxisnah, weil unsere Professoren meistens noch parallel in der Wirtschaft arbeiten. Das sind hochengagierte Leute, die fast jeden Studenten beim Namen kennen. Insgesamt herrscht an der Rosenheimer Hochschule eine familiäre Atmosphäre. Gleichzeitig wird hier fortlaufend in die Zukunft investiert, was unter anderem der Neubau der Fakultät Holztechnik beweist.

Wie stehen die Chancen nach dem Studium?

Wir sind sehr gut auf die Praxis vorbereitet. Ich kenne keinen, der nicht schnell einen interessanten Job gefunden hätte.

HOCHSCHULE ROSENHEIM
HOCHSCHULSTRASSE 1
83024 ROSENHEIM
WWW.FH-ROSENHEIM.DE

Hauptsache, der Josef ist glücklich
Jan und Josef Prasil singen auf dem Ludwigsplatz

»Ich liebe ihn!« – es ist die Popikone Nena, die da schreit. Ganz Deutschland kann es hören. Der Sender Pro Sieben überträgt den Gefühlsausbruch in seiner Talentshow ›The Voice of Germany‹ im Dezember 2011. Kurz darauf schwenkt die Kamera ins Publikum. Sie nimmt glänzende Augen auf. Offensichtlich spricht Nena den weiblichen Zuschauern aus den Herzen.

Auslöser der Emotionen ist ein junger Mann aus Rosenheim: Josef Prasil, genannt Joe. Er steht im Scheinwerferlicht auf der Bühne und singt ›Hey There Delilah‹ der US-amerikanischen Band ›Plain White T's‹. Die Ballade erzählt die Geschichte eines Musikers auf Tour, dessen große Liebe am anderen Ende der Welt auf ihn wartet. Obwohl Josef das Lied nicht selbst geschrieben hat, ist es *seine* Story. Jeder im Saal spürt es, doch für den Rosenheimer geht es in diesem Moment vor allem um den Erfolg. Er muss diese Runde gewinnen. Am Ende wird der irische Musiker Rea Garvey entscheiden, wer bei der nächsten Show noch dabei sein wird. Josef denkt an seinen Zwillingsbruder Jan, der hinter der Bühne mit ihm zittert. Mit ihm hatte er seine ersten Auftritte – auf einer Bank am Rosenheimer Ludwigsplatz.

Jan Prasil: Das war unser ›Proberaum‹. Am Abend kurz vor Sonnenuntergang haben wir uns mit der Gitarre hingesetzt und angefangen zu spielen. Meistens haben schon bald die Ersten zugehört.
Erika Thimel: Zwei Brüder, ein Thema: die Musik. Wie sehr konkurriert ihr miteinander?
Josef Prasil: Musik verbindet uns. Sie ist unser gemeinsamer Traum.
Jan Prasil: Josef meint, er hätte die bessere Stimme. Quatsch! *(lacht)* Wir haben einfach nur verschiedene Stimmen. Außerdem spiel ich professioneller Gitarre als er. Ich hab schon mit sechs Jahren angefangen und in der Rosenheimer Band ›The Tourist‹ gespielt, während er erst seit einem guten Jahr klimpert.
Josef: Zusammen spielen wir ehrliche Gitarrensongs, ohne große Effekte. Eher ›old school‹ und stets mit Gefühl. Die Lieder, das sind wir.

Wieso seid ihr nicht gemeinsam bei ›The Voice of Germany‹ angetreten?
Josef: Er wollte nicht mit.
Jan: Josef ist der Hitzkopf, der angreift. Ich bin der Ruhigere.
Josef: Ich hab Jan vermisst – so wie alle anderen auch. Jeder hat mich nach meinem Bruder gefragt.

Die letzten Akkorde von ›Hey There Delilah‹ verklingen im Saal. Nena strahlt. Josef Prasil war großartig, aber noch ist nichts entschieden. Seine zwei Konkurrentinnen warten am Bühnenrand darauf, sich zu beweisen. Beide nutzen ihre Chance stimmgewaltig. Jetzt schaut Nena besorgt.

Wie ehrgeizig seid ihr?
Jan: Ich mache alles überlegt, aber dann radikal und zielgerichtet. Die Liebe zur Musik lässt keine Alternative, deshalb muss es vorwärts gehen.
Josef: Ich bin sofort hundertprozentig bei allem dabei, aber genauso schnell wieder raus, wenn es nicht passt. Nur bei der Musik gibt es auch für mich keine Alternative. Seid wir 14 sind, meinen wir es ernst damit.

Welche Rolle haben eure Eltern dabei gespielt?
Jan: Die haben uns unsere Lebenseinstellung vermittelt: Familie ist das Wichtigste und wenn du dankbar für das Gute im Leben bist, kommst du auch mit wenig Geld aus.

Ihr wirkt extrem harmonisch. Worüber streitet ihr euch?
Josef: Es hat schon immer gut gepasst. Wir hatten auch seit jeher den gleichen Freundeskreis, nur zum Fußballspielen haben wir uns getrennt. Ich habe jeden Nachmittag mit meinen Spezln am Schlossberg gekickt. Das war meine Jugend. Die beste Zeit in Rosenheim.

Jan und Josef Prasil singen auf dem Ludwigsplatz

Jan: Es gibt ein Thema, bei dem ich rot sehe: Josef macht immer alles auf den letzten Drücker. Wenn wir sagen 10 Uhr, dann kommt er sicher nicht vor 11.
Josef: Und dann lässt er seinen Lieblingsspruch ab: ›Hauptsache, der Josef ist glücklich.‹

Der Ringrichter Rea Garvey hat seine Entscheidung getroffen. Nena hält den Atem an. Josef Prasil weiß nicht, wo er hinsehen soll. Seinen Konkurrentinnen geht es nicht anders. In die Hochspannung hinein verkündet Rea Garvey seine Wahl: »Yasmin!«. Ein paar Monate später steht Josef erneut auf einer Fernsehbühne: bei SAT.1 in der Show ›The Winner is‹. Es geht um eine Million Euro. Diesmal ist er nicht allein. »Ich dachte, solo schafft er es nicht«, erklärt Jan lachend. »Also hab ich ihm geholfen. Er ist ja mein Bruder.«

Die beiden sind mit 10.000 Euro nach Hause gefahren. Jan hat sich sofort eine exzellente Gitarre gekauft und mit dem Rest sind sie nach Melbourne geflogen. Hier schreiben sie neue Songs, treten als Straßenmusikanten auf und spielen im Studio ihre neue CD ein. Sie nennen sich jetzt ›Amistat‹. Ein Blick auf ihre Facebook-Seite zeigt, wie gut die beiden Rosenheimer in Australien ankommen. Melbourne hat auch einen anderen entscheidenden Vorteil für Josef: Hier lebt die wahre ›Delilah‹ – die Frau, in die er sich vor ›The Voice of Germany‹ verliebt hat.

Plagt euch zwischendurch das Heimweh?
Josef: Unsere Mutter ist Tschechin, unser Vater Australier. Wir sind viele Male umgezogen, aber die entscheidenden Jugendjahre haben wir in Rosenheim verbracht.
Jan: Von hier kommen die guten Erinnerungen und die sind immer dabei.

LUDWIGSPLATZ
83022 ROSENHEIM
WWW.REVERBNATION.COM/AMISTAT

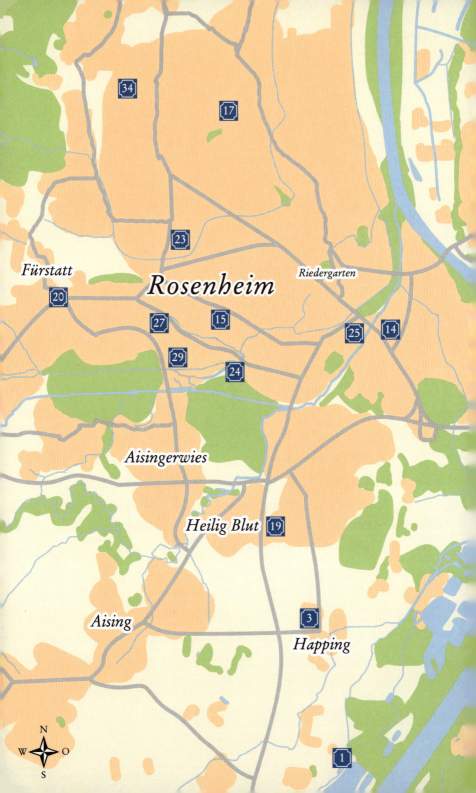

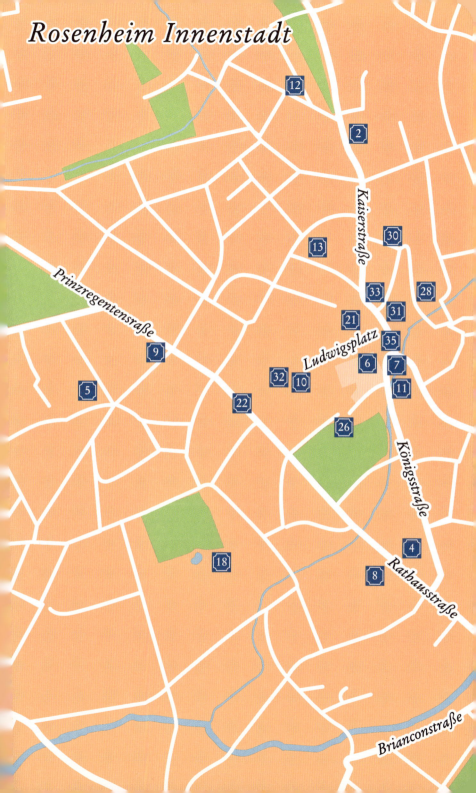

Bildverzeichnis

Sofern hier nicht erwähnt, stammen alle Bilder von Christine Basler.

Innenseiten:
Christian Gamsjäger 14; Christine Basler, mit freundlicher Genehmigung der Kriminalpolizeiinspektion Rosenheim 18, 20; Christine Basler, mit freundlicher Genehmigung des Happinger Hofs 24, 25; Brad Barket / Getty Images 36; Christine Basler, mit freundlicher Genehmigung der Pfarrei St. Nikolaus 38; Christine Basler, mit freundlicher Genehmigung des Ausstellungszentrum Lokschuppen 46, 48, 50, 51; privat, mit freundlicher Genehmigung der Agentur Above the line 52; Elvira Biebel-Neu 53; privat, mit freundlicher Genehmigung von Hendrik Heuser 66; Carolin Boos, mit freundlicher Genehmigung von Emmeran Heringer 71, 72; Christine Basler, mit freundlicher Genehmigung der Astrid-Lindgren-Grundschule 79; Francis Koenig, mit freundlicher Genehmigung des Thienemann Verlags 80; privat, mit freundlicher Genehmigung der Familie Preußler 82, 83, 84; Felix Broede, mit freundlicher Genehmigung der Konzertdirektion Schmid 98; Christine Basler, mit freundlicher Genehmigung der Pfarrei Heilig Blut am Wasen 102, 104, 106; Christine Basler, mit freundlicher Genehmigung des Städtischen Museums Rosenheim 110, 114; mit freundlicher Genehmigung des Stadtarchivs Rosenheim 116, Christine Basler, mit freundlicher Genehmigung der Sektion Rosenheim des Deutschen Alpenvereins 120, 122, 124, 125; Christine Basler, mit freundlicher Genehmigung der Starbulls Rosenheim, Herr Kolarz 130, 132, 134, 135; Christine Basler, mit freundlicher Genehmigung der Karl Mair GmbH 148; privat, mit freundlicher Genehmigung von Peter Kirmair 150; mit freundlicher Genehmigung des Stadtarchivs Rosenheim 162; Camille Moir-Smith 176; Chris J. Photography 178

Umschlag:
Stephan Gottwald: Christine Basler, mit freundlicher Genehmigung der Starbulls Rosenheim; Otfried Preußler: Francis Koenig, mit freundlicher Genehmigung des Thienemann Verlags

Quellenverzeichnis

Beitrag 15 – Otfried Preußler
OTFRIED PREUSSLER: Ich bin ein Geschichtenerzähler, Stuttgart Thienemann Verlag 2010

Beitrag 21 – Der Unternehmergeist
MANFRED TREML / MICHAEL PILZ (HG.): Rosenheim – Geschichte und Kultur, Historischer Verein Rosenheim, Städtisches Museum 2010

Beitrag 22 – Thomas Gillitzer
STEFAN FREUNDL: Thomas Gillitzer, Leben und Werk, Geschichte eines Häuserblocks, Weißblaue Reihe Nr. 8, Stadtarchiv Rosenheim 1982
KARL MAIR: Der Traum vom Glück. Die kühnen Projekte des Thomas Gillitzer in Rosenheim um 1900, Beiträge zur Stadtgeschichte 6, Stadtarchiv Rosenheim 2002

Beitrag 23 – Dieter Vögele
SEKTION ROSENHEIM DES DEUTSCHEN ALPENVEREINS: 1877–2002, Festschrift zum 125-jährigen Bestehen, Rosenheim 2002
JÜRGEN KREMB: Freiklettern, Außerirdische im Felsendom in: Der Spiegel, Heft 38/2004, Seite 135

Lieber Leser, wenn Sie ein Feedback zum Buch geben möchten, bitte schreiben Sie uns! Autor und Verlag freuen sich über Ihre Rückmeldung.
stadtgespraeche@gmeiner-verlag.de

Mit Stadtporträts die Heimat neu entdecken!

Was macht eine Stadt aus? Die Architektur? Die Sehenswürdigkeiten? Nein, es sind die Menschen, die einer Stadt ihr Gesicht verleihen und sie zu dem machen, was sie ist. Unsere Stadtgespräche stellen diese Menschen und ihre Geschichten in Bild und Wort vor. Originale und Prominente erzählen ebenso wie Leute von nebenan Anekdoten, Kurioses und Überraschendes aus ihrer Heimat. Aus den vielen persönlichen Mosaiksteinchen entsteht ein einzigartiges Porträt der Stadt – bunt, lebendig und menschlich.

WEITERE STADTGESPRÄCHE ERSCHEINEN AUS:

MÜNCHEN KEMPTEN **WIEN** NEUKÖLLN
MEMMINGEN **LEIPZIG** ELMSHORN
HAMBURG ERLANGEN **FRANKFURT** ...

978-3-8392-1476-3

978-3-8392-1477-0

978-3-8392-1475-6

NEUE, KURIOSE UND SPANNENDE GESCHICHTEN AUS IHRER STADT

AUF MÖRDERSUCHE IN IHRER NACHBARSCHAFT

»Böses Erwachen für Max Raintaler auf dem Münchner Oktoberfest«

Ende September. Das weltberühmte Oktoberfest ist in vollem Gange, die Stimmung im Bierzelt kocht. Exkommissar Max Raintaler und sein alter Freund Franz Wurmdobler bekommen jeweils 100 Euro von einem ihnen unbekannten Immobilienwirt aus Grünwald geschenkt. Einzige Bedingung: Sie müssen das Geld noch am selben Abend vertrinken. Keine zwei Stunden später ist der edle Spender tot. Er wurde mit einem Maßkrug erschlagen. Max und Franz machen sich gemeinsam auf die Suche nach dem Täter.

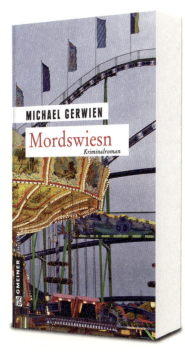

Michael Gerwien
Mordswiesn
978-3-8392-1421-3

»Leben auf hohem Niveau«

Watzmann, Schachtelmalerei, Goaßlschnalzen - Bauernhöfe und Barock. Neben diesen bekannten Anziehungspunkten zeigt Ihnen Christoph Merker mit seinen persönlichen Lieblingsplätzen noch weit mehr von Berchtesgaden. Entspannung versprechen der Aschauerweiher und der Thumsee. Rasant hingegen wird es mit dem Rennbob-Taxi nahe des Königssees. Und ganz nebenbei erklärt Christoph Merker mit einem Augenzwinkern, was es mit dem Kreuzgang in Berchtesgaden oder der Kirche Sankt Sebastian in Ramsau auf sich hat.

Christoph Merker
Hochgefühl im Berchtesgadener Land
978-3-8392-1472-5

LIEBLINGSPLÄTZE FINDEN SIE ÜBERALL!

Liebevoll ausgestattete Reiselesebücher mit individuellen Tipps, die Lust aufs Entdecken und mehr machen.

ISBN 978-3-8392-1367-4

ISBN 978-3-8392-1358-2

ISBN 978-3-8392-1362-9

ISBN 978-3-8392-1365-0

ISBN 978-3-8392-1166-3

ISBN 978-3-8392-1170-0

DIE SCHÖNSTEN ORTE MIT DEN AUGEN DES AUTORS BETRACHTEN – LASSEN SIE SICH ENTFÜHREN!